KB159943

절망을 **희망**으로 바꾼 **96**가지 이야기

소망상자

소망상자

찍은날 2012년 12월 06일
펴낸날 2012년 12월 13일
지은이 류중현
펴낸이 장상태
펴낸곳 소망플러스
　　　　 서울시 서초구 서초동 1355-3 서초월드오피스텔 1605호
전 화 02-6415-6800
팩 스 02-523-0640
이메일 is6800@naver.com
블로그 http://blog.naver.com/is6800

등 록 2007년 4월 19일
신고번호 제 2007-000076호

Copyright@소망플러스

ISBN 978-89-959549-3-5

값은 표지에 있습니다.

지하철 사랑의 편지 **모음집 1권**

소망 희망편
상자

류중현 지음

지치고 힘들 때 소망상자를 열어보시면,
96개의 희망이 당신의 삶을 보석처럼 빛나게 할 것입니다.

소망플러스

1. 희망은 절망을 이깁니다.

C·O·N·T·E·N·T·S

2. 희망은 당신 안에 있는 가능성을 보는 창입니다.

이 책을 추천하며

한 사람의 됨됨이와 그 사람의 가치는 그의 생각에 의해서 결정됩니다. 그런데 생각이란 사람이 태어날 때 가지고 나오는 것이 아니라 이 세상에 살면서 주위로부터 받아들인 정보에 의해 형성됩니다. 그러므로 좋은 말을 듣고 멋진 글을 읽으며 다른 사람들의 훌륭한 행동을 관찰하는 것은 우리의 인격을 다듬는 좋은 방법입니다.

지하철은 승객들에게 조금은 무료한 공간입니다. 그 시간을 가장 유용하게 사용하는 방법 중의 하나는 바로 좋은 글을 읽고 생각하는 것입니다. 그동안 교통문화선교회에서 '사랑의 편지'를 지하철 역내에 게재하여 승객들의 무료한 시간을 잘 이용하도록 도와주었습니다. 짧으면서도 생각과 반성을 자극하는 좋은 글들이었습니다. 많은 사람에게 훌륭한 정신적 양식을 제공했고, 큰 감동을 주었으며, 그들의 생각과 인격 형성에 매우 긍정적인 영향을 끼쳤습니다. 삶의 모습을 바꾼 사람도 있었을 것입니다. 이런 봉사를 해주신 류중현 목사님과 선교회에 깊은 감사를 드립니다.

이제 이 편지들을 모아 「소망상자」라는 이름의 책이 만들어 졌습니다. 누구든지 시간을 내어 읽을 가치가 충분한 아름다운 글들입니다. 많은 분들이 이 책을 나누길 바라는 마음으로 추천하는 글을 남깁니다.

손 봉 호 교수 (서울대 명예교수)

이 책을 추천하며

 1973년, 미국에서 발행된 '사랑우표'는 10년 동안 무려 3억 3천만매가 팔렸습니다. 이 우표가 역사상 최고의 판매실적을 얻게 된 원인은 미국인들의 사랑에 대한 갈증에 있었습니다. 경제가 급성장하고 사회는 다양하게 변해갔지만 그 속에 인간의 존엄성과 사랑에 대한 가치는 없었습니다. 이것은 인간에게 있어서 먹고 사는 문제보다 더욱 중요한 것이 바로 사랑이라는 것을 우리에게 가르쳐주는 역사적인 증거입니다.

 지금까지 '사랑의 편지'는 지하철에서, 기차역에서 30여 년을 국민들의 발걸음과 함께 걸어왔습니다. 뿐만 아니라 단행본, 홈페이지, 이메일과 월간지로 발전하면서 그 역사를 이어왔습니다. '사랑의 편지'가 이렇게 오랫동안 사랑을 받을 수 있었던 것도 어찌 보면 우리 사회가 사랑이 부족하기 때문인지도 모르겠습니다.

 '사랑의 편지'가 이제 「소망상자」라는 이름의 한권의 책이 되었습니다. 이름처럼 우리 삶의 간절한 소망이 담겨 있는 책입니다. 「소망상자」는 과도한 입시

와 경쟁에 지친 친구들에게 위로가 되어줄 것입니다. 그리고 외로움과 상실감
으로 고통 받는 이웃들에게 가슴을 열고 대화할 수 있는 소중한 친구가 되어줄
것입니다. 이런 분들에게 이 책을 추천합니다. 그리고 희망으로 내일을 여는
모습을 기대합니다.

홍 정 길 목사 (남서울은혜 교회 원로목사)

발간을 축하하며

 한 해 동안 헤아릴 수 없을 정도로 많은 책들이 출간됩니다. 어떤 책은 수백 만부 이상 팔리기도 하고, 어떤 책은 한사람을 스타로 만들어 주기도 합니다. 그러나 '사랑의 편지'처럼 사람들의 가슴을 잔잔한 감동으로 채워주는 책은 많지 않습니다. '사랑의 편지'는 우리들의 정서를 아름답게 가꾸어 주는 거울과 같은 책입니다.

 '사랑의 편지'는 이슬비처럼 잔잔하게 스며듭니다. 때로는 사랑의 속삭임처럼 행복한 메시지를 전해줍니다. 이를 통해 각박한 현대인들의 가슴을 부드럽게 해주는 기회가 되었으면 합니다. 사람은 아무리 변해도 인간 이상은 될 수 없습니다. 누구나 크고 작은 문제들로 갈등과 고민에 빠져 있습니다. 결국 우리 모두는 사랑이라는 이 위대한 이름 앞에 손을 내 밀어야 합니다. '사랑의 편지'가 그 손이 되었으면 합니다. 특히 우리 주변의 청소년들에게 인간의 존엄성과 사랑의 가치를 배우는 기회가 되었으면 합니다.

'사랑의 편지'가 「소망상자」라는 이름으로 우리에게 찾아 왔습니다. 이 책을 통해 참된 사랑의 의미와 인생의 가치를 찾을 수 있기를 바랍니다. 소중한 글들이 많이 있습니다. 이 글들이 여러분의 친구가 되었으면 합니다.

감사합니다.

소 강 석 목사 (새에덴 교회 담임목사)

1

희망은

절망을 이깁니다.

세 손가락 투수

1949년, 미국 메이저리그 명예의 전당에

'모데카이 브라운' 이라는 이름의 선수가 등록 되었습니다.

그는 손가락에 심각한 장애를 가지고 있었습니다.

7살 때 삼촌의 농장에 놀러갔다가 옥수수 절삭기에

손을 다쳐 오른손 검지를 잃었고, 얼마 후 나무 가지에 걸려

넘어지면서 가운데 손가락마저 심하게 다쳤습니다.

몇 년 뒤 새끼손가락 끝 마디가 구부러져 마비되었고

엄지손가락도 마음대로 움직이지 않게 되었습니다.

가난한 농부의 아들이었던 그는 10살 때부터 석탄 광부로 일을 해야 했고

손가락을 치료하기에는 엄두도 낼 수 없는 형편이었습니다.

그러나 우연한 기회에 시작하게 된 야구는 그의 삶을 바꾸어 놓았습니다.

타고난 체력을 가지고 있었던 그는 성실함으로 자신만의 공을 던지기 위해

노력했고, 당시 투수들에게서 볼 수 없었던 특이한 마구를 만들어 냈습니다.

26세의 늦은 나이로 메이저리그에 데뷔한 후

1906년부터 1910년까지 5년 동안 매년 20승, 1점대의 방어율과
105승 47패라는 경의적인 기록을 남겼습니다.
이 기록은 메이저리그 100년 역사동안 깨어지지 않고 있습니다.
그가 이처럼 메이저리그 역사에 남는 대선수가 될 수 있었던 것은
자신의 장애를 장점으로 변화시키려는 의지와 노력이 있었기 때문입니다.

자신의 단점을 외면하지 마십시오.
단점마저 내 자신의 모습이며 가능성입니다.
나의 단점이 지금 당장은 미운오리새끼와 같이
보기 흉하고 보잘 것 없을지라도
언제든지 백조로 변신할 수 있는 가능성을 가지고 있습니다.
내가 지닌 단점을 살피고 연구하고 응원하다 보면
언젠가는 누구도 따라 할 수 없는 특별한 능력을 지닌
자신의 모습을 발견하게 될 것입니다.

피카소의 자전거

1943년 어느 날, 길을 걷고 있던 피카소가
우연히 버려진 자전거 한 대를 발견했습니다.
그는 자전거에서 안장과 핸들을 떼어내고
안장 위에 핸들을 거꾸로 붙인 뒤
「황소머리」라는 이름의 작품을 만들었습니다.
50여 년이 지나 런던의 한 경매장에 이 작품이 등장했습니다.
그리고 자그마치 293억 원이라는 금액에 낙찰되었습니다.
피카소는 쓰레기에 불과했던 자전거를
수백 억이 넘는 고가의 미술품으로 탈바꿈시킨 것입니다.

우리 주위에는 버려진 자전거가 많습니다.
그러나 그 버려진 자전거가 누구의 손을 거치느냐에 따라
가치는 달라집니다.
내게 주어진 것들이 작고 하찮게 느껴지십니까?

내게 주어진 직장이 작아 보이고 의미 없어 보입니까?
아무리 보잘 것 없이 작은 것이라 할지라도
당신의 열정과 노력이 있다면 그것은 값진 보석으로 다시
태어나게 될 것입니다.

무덤에서 발견한 희망

아버지와 아들이 사막을 여행하고 있었습니다.

가도 가도 끝없는 황량한 모래벌판에서

볕은 뜨겁게 내리 쬐었고

마침내 마지막 남은 물 한 방울까지 말라버리고 말았습니다.

비틀거리던 아들은 결국 주저앉았습니다.

"아버지, 차라리 여기 앉아서 죽음을 기다리는 것이 나을 것 같아요."

모든 것을 체념한 듯 고개를 떨구며 말했습니다.

그러자 아버지가 아들의 손을 끌어당기며 일으켜 세웠습니다.

"얘야, 조금만 더 참자꾸나."

그렇게 한참을 걷던 부자 앞에 무덤 몇 기가 나타났습니다.

아들은 실망하며 다시 주저앉았습니다.

"이 사람들도 우리처럼 여행을 하다 죽고 말았나 봅니다."

그러나 아버지는 환한 얼굴로 아들에게 대답했습니다.

"여기에 무덤이 있다는 것은 사람이 사는 곳이

그리 멀지 않다는 증거란다. 이제 우린 살 수 있을 거야."

아버지의 말대로 얼마 지나지 않아 오아시스가 있는 마을 만났습니다.

살다보면 너무나 힘든 고통으로 주저앉고 싶을 때가 찾아옵니다.

그러나 주저 앉아버리면 고통은 더욱 내 몸과 마음을 강하게 조여 올 것입니다.

일어서서 앞으로 나아가십시오.

내 인생의 오아시스는 그리 멀지않은 곳에서 기다리고 있습니다.

두 번 쓴 프랑스 혁명사

토마스 칼라일은 몇 년을 고생하며 완성한 원고를
친구 존 스튜어트 밀에게 가장 먼저 보여주었습니다.
그런데 친구가 잠시 산책을 다녀온 사이
원고를 쓸모없는 종이뭉치로 여긴 밀의 가정부가
모두 벽난로 안에 넣어 태워버리고 말았습니다.
몇 년을 공들여 완성한 글이 한 줌의 재가 되어 버리자
칼라일은 큰 충격에 휩싸였습니다.
우울한 나날이 계속되던 어느 날, 칼라일은 아침 산책길에
벽돌공이 벽돌을 쌓고 있는 것을 보게 되었습니다.
그 광경을 지켜보던 칼라일은 문득 이런 생각이 떠올랐습니다.
'벽돌공은 한 번에 한 장씩 벽돌을 쌓는다.
그래, 나도 그렇게 하면 된다. 하루에 한 페이지씩 써 가자!'
칼라일은 벽돌을 쌓듯 내용을 한 줄 한 줄 다시 쓰기 시작했고

그 결과, 오히려 처음보다 더 나은 원고를 완성하게 되었습니다.

그 책이 바로 토마스 칼라일을 유명한 역사가로 만들어 준

「프랑스 혁명사」입니다.

시련은 우리에게 포기하라고 유혹합니다.

시련은 이러한 유혹을 통해 성공할 수 있는 사람을 구별합니다.

그래서 시련은 성공과 가장 멀면서 가까운 친구라 불립니다.

시련이 찾아올 때 피하려 하지 말고 가까이 하십시오.

이것이 바로 성공에 가까이 가는 길입니다.

넬슨 만델라의 감옥 화원

이제 막 감옥에 들어온 무기수가 있었습니다.

어둡고 좁은 공간에 던져진 그는 교도소장에게 부탁했습니다.

"교도소 마당 한 귀퉁이에 정원을 가꾸게 해 주십시오."

교도소장의 허락을 받고 땅을 갈고 정원을 꾸몄습니다.

첫 해에는 손이 많이 가지 않아도 잘 자라는

고추와 양파 같은 채소를 심었습니다.

다음 해에는 여러 종의 장미도 심어보고

작은 묘목의 씨앗도 뿌렸습니다.

그렇게 한 해, 두 해 시간이 흐를 때마다

작은 보람과 기쁨을 느끼며 정성스럽게 정원을 가꾸었습니다.

정원은 이제 그의 일부분이 되었습니다.

그는 정원의 식물들을 자신의 가족처럼 여겼습니다.

잘 자라는 식물을 통해 위로를 받았으며

때론 죽어가는 농작물에 아파하기도 했습니다.

그렇게 27년의 세월이 흘러 가석방으로 풀려나게 되었고
많은 사람들의 환영을 받았습니다.
그리고 3년 뒤 노벨 평화상을 수상하는 영예를 얻었습니다.
그가 바로 남아프리카 공화국 최초의 흑인 대통령 넬슨 만델라입니다.

지금의 현실이 감옥 같을지라도, 낙심하거나 두려워하지 마십시오.
절망의 순간일수록 우리는 작은 희망의 씨앗을 심어야 합니다.
아주 조금씩, 그리고 천천히 마음의 밭을 가꾸며
희망이 싹을 틔우고 열매 맺는 순간을 기다리십시오.
소중히 가꾼 인내와 소망은 내 삶을 지켜주는
든든한 울타리가 되어줄 것입니다.

9번 교향곡

26세에 귓병을 앓기 시작한 베토벤은

30세 즈음이 되자 소리를 거의 들을 수 없게 되었습니다.

음악인에게 소리를 들을 수 없다는 것은 치명적인 고통이었습니다.

많은 사람들이 이제 베토벤의 시대는 끝났다고 이야기했으며

본인 스스로도 자신이 처한 상황을 죽음에 비유하곤 했습니다.

그러나 그는 평생을 바쳐 사랑했던 음악을 버릴 수 없었습니다.

피아노 앞에 앉아 들리지 않는 건반은 천천히 눌렀습니다.

그리고 자신의 심장을 울리는 작은 떨림에 집중하기 시작했습니다.

그는 막대기 하나를 피아노 위에 놓은 후

다른 한쪽 끝을 입에 문 채

이빨로 전해지는 피아노의 진동으로 곡을 써 내려갔습니다.

마침내 제9번 교향곡 '합창'이 완성되었고

1824년 빈에서 초연되었습니다.

연주가 끝나고 베토벤은 고요한 무대 한 가운데에서

고개를 숙인 채 서있었습니다.

연주자 한 명이 다가와 그의 어깨를 돌려 관객을 바라보게 했습니다.

그곳에 모인 관객들은 기쁨과 환희의 눈물로 기립박수를 치며

그에게 경의를 표하고 있었습니다.

인간의 신체는 영혼의 가능성을 모두 담지 못합니다.

그래서 우리는 때때로 극한의 상황에서 놀라운 능력을 발휘하곤 합니다.

위기의 순간이 찾아와도 놀라거나 두려워하지 마십시오.

당신의 숨겨진 능력이 발휘되는 절호의 기회일수도 있습니다.

화이트 크리스마스(white christmas)

크리스마스를 대표하는 캐롤 '화이트 크리스마스'는
1942년, 영화 '홀리데이 인'의 주제가로 태어났습니다.
영화의 주인공 '빙 크로스비'의 감미로운 목소리는
당시 2차 세계 대전으로 지친 미국인들의 마음을
따뜻하게 위로해 주었으며, 아카데미 영화음악상을 수상하고
미국 앨범 차트 1위에 오르는 등 최고의 사랑을 받았습니다.
그러나 이 노래의 작곡가 '어빙 벌린'은 뛰어난 음악가가 아니었습니다.
그는 정규 음악 교육을 받은 적이 없었고,
심지어 악보도 그릴 줄 몰랐습니다.
그는 머릿속에 떠오르는 악상이 있으면 콧노래로 흥얼거렸고,
그의 친구가 노래 소리를 듣고 대신 악보로 옮겨주었습니다.
그 역시 미국의 극심한 경제난 속에서 직업을 잃었고
가난으로 힘든 하루를 보냈습니다.
그러나 음악을 할 수 있다는 사실만으로도 기뻐했습니다.

'어빙 벌린'은 이렇듯 환경에 굴하지 않고 자신이 하고 싶은 일을 사랑했습니다.
그의 음악에 대한 열정이 '화이트 크리스마스'라는 음악을
만들어 낸 것입니다.

현대 사회는 학벌이나 자격증을 통해 개인의 능력을 평가하곤 합니다.
그래서 헤아릴 수 없을 만큼 많은 자격증들이 쏟아져 나오고,
토익점수를 얻기 위해 연간 800억 이상의 비용이 소요되고 있습니다.
급변하는 사회 속에서 능력 있는 사람을 빨리 평가하고 선발하기 위해
어쩔 수 없는 선택된 방법이라 여겨집니다.
하지만, 이런 것들이 인재를 만들어 내는 것은 아닙니다.
열정과 감각은 자격증에 기록되지 않으며 점수로 표현되지 않기 때문입니다.
내가 사랑하고 나의 열정을 쏟아 부을 수 있는 일에 도전하십시오.
내가 가진 열정을 발휘할 수 있는 일에 최선을 다할 때
값진 열매는 물론이며 보람과 행복도 함께 주어질 것입니다.

1,330개의 삼진

미국의 야구 역사상 가장 유명한 선수는 베이브 루스일 것입니다.
그는 714개의 홈런을 쳐서
1976년까지 세계의 최고 기록을 유지했습니다.
공을 치기 전에 홈런을 칠 방향으로 방망이를 향했던
그의 예고 홈런은 지금까지도
영화나 야구 이야기의 단골손님이 되고 있습니다.
그러나 베이브 루스가 홈런왕이라는 것을 아는 사람은 많아도
그가 스트라이크 아웃의 신기록 보유자임을
아는 사람은 그리 많지 않습니다.
그는 자그마치 1,330번이나 삼진을 당했으며
많은 야구 전문가들이 다른 선수들이 이 기록을 깨기란
그가 홈런을 친 것만큼 어렵다고 입을 모으고 있습니다.
그는 714개의 홈런을 치기 위해 1,330개의 삼진이 필요했으며

1,330개의 삼진은 그를 미국 역사상 가장 위대한 야구선수로 만들었습니다.

실패를 두려워하는 사람은 자신의 장점을 극대화시킬 수 없습니다.
인생에서 불과 몇 개의 삼진을 당했다고 해서 낙심하고 있는 건 아닌지요?
성공은 수많은 실패의 거름이 쌓여야 이룰 수 있습니다.
실패할수록 성공에 가까이 왔다는 사실을 기억하며
다시 한 번 힘을 내시기 바랍니다.

세 사람의 석공

영국의 유명한 건축가 크리스토퍼 우렌이
성 바오로 대성당을 지을 때의 일입니다.
어느 날 평상복 차림으로 공사장에 나간 우렌은
돌을 깎고 있는 석공들에게 차례로 물었습니다.
"지금 하는 일이 재미있습니까?"
그러자 첫 번째 석공은
"뭐, 돌이나 깎고 있는 것이지요."
라고 대답했습니다.
두 번째 만난 석공에게도 같은 질문을 던지자
이렇게 대답합니다.
"천만에요. 입에 풀칠이라도 하려고 겨우겨우 하고 있습니다."
조금은 기운이 빠진 우렌이 세 번째 만난
석공에게 똑같은 질문을 건넸습니다.
세 번째 석공은 우렌에게 미소를 지으며 대답했습니다.

"네 기분이 좋습니다. 부족한 제가 성 바오로 대성당을 짓는 데
한 몫을 하고 있으니까요. 정말 멋진 건물 아닙니까?"
라고 대답했습니다.

일의 절대적 가치는 '즐거움' 입니다.
힘들고 고통스러워하며 하는 일은 자신의 영혼도 병들게 합니다.
즐거움으로 최선을 다해 기쁘게 할 수 있는 일은
나의 삶도 행복하게 해 주는 것은 물론이요,
일의 결과도 성공적으로 이끌어 줄 것입니다.

나이는 숫자에 불과하다

"못생겨서 죄송합니다." 라는 말로 많은 사람들을 울리고 웃겼던
코미디언 이주일씨는 참 오랜 시간동안 무명 생활을 보냈습니다.
지금은 한국 코미디 역사의 가장 위대한 인물로 평가되지만
그가 인기를 끌게 된 텔레비전 프로그램의 첫 출연 당시 나이는 41세였습니다.
세계적인 화가 피카소
그는 눈부시도록 아름다운 스물한 살의 여인
프랑스와즈 질로를 만나 첫눈에 반했습니다.
이제야 진정한 사랑에 눈 떴다고 고백했던 당시,
그의 나이는 62세였습니다.
세계 최고의 명품으로 불리는 샤넬.
이 명품을 디자인한 코코 샤넬이 파리에 가게를 열고
패션계로 다시 복귀했을 때 나이는 이미 71세였습니다.
그녀의 복귀가 없었으면 샤넬은 지금까지 이어지지 못했을 것입니다.
남북정상회담을 성공적으로 마치고
우리나라 최초의 노벨평화상을 수상한 김대중 대통령은
74세의 나이로 대통령에 당선되었습니다.

노벨상을 수상할 당시의 나이는 76세였습니다.
김대중 대통령과 친분이 두터운 남아공 인권운동의 대부
넬슨 만델라 역시 75세 때 노벨 평화상을 수상했으며
76세에 남아공 대통령으로 당선되었습니다.
그가 27년을 감옥에서 보냈다는 사실은 더욱 놀랍습니다.
초현실주의 미술의 거장 마르크 샤갈은
노년에도 왕성한 작품 활동을 계속했습니다.
그의 대표작 「푸른빛의 서커스」는 63세 때 그린 작품이며
91세 때 마지막 작품을 완성했습니다.

나이는 숫자에 불과하다고 합니다.
어찌 보면 우리가 살아가는데 있어서 나이는 불필요한 이름일지도 모릅니다.
나이와 환경에 구애받지 말고 지금 당장 내가 하고 싶은 일을 붙잡으세요.
결과는 아무도 예상할 수 없습니다.
그러나 열정을 쏟을 수 있는 일을 붙잡는다면
절대 후회하지는 않을 것입니다.

아카데미 최우수 조연상

일생에 단 한 번의 영화 출연으로
아카데미 최우수 조연상을 수상한 배우가 있습니다.
「우리 생애 최고의 해」라는 영화의 주인공 해럴드 러셀입니다.
이 영화는 제 2차 세계대전에 참전했던 용사들이 집으로 돌아와
사회에 적응해 나가는 과정을 그린 영화입니다.
러셀은 이 작품에서 전쟁 중에 두 손을 다 잃고
선원으로 일하는 상이군인 역을 맡았습니다.
원래 러셀은 배우 지망생은 아니었습니다.
그는 공수부대원으로 2차 대전에 참가했다가
포탄에 맞아 두 팔을 잃은 실제 상이군인이었습니다.
두 팔을 잃었을 당시 그는 삶의 의미를
잃어버린 채 절망 속에서 하루하루를 보냈습니다.
힘겨운 나날을 보내던 어느 날
자신에게 남아있는 가능성들이 보이기 시작했습니다.

걸을 수 있고 말할 수 있으며 여전히 먹고 마시며

이전과 다르지 않은 삶을 살고 있는 자신을 발견했습니다.

이제 많은 사람들에게 자신의 이야기를 하고 싶어졌습니다.

병원으로 달려가 의수를 달고 타이프 연습에 열중했습니다.

그리고 자신의 인생역정을 글로 옮기기 시작했습니다.

러셀의 이야기가 세상에 알려지자 많은 사람들의 관심을 받았습니다.

이후 그가 쓴 작품은 영화로 만들어졌고, 아카데미 조연상 외에도

전 세계의 장애인들, 특히 상이군인들에게 위로와 용기를

준 공로로 특별상까지 수상할 수 있었습니다.

잃어버린 것에 미련을 남기지 마십시오.

다시 돌아올 수 없는 것은 이미 내 것이 아닙니다.

내게 남겨진 것들을 가지고 흐트러진 인생의 퍼즐을 다시 맞춰 가십시오.

자신의 새로운 가능성을 발견할 수 있게 될 것입니다.

윌리엄과 점자책

오늘날 맹인들이 사용하는 점자책은 윌리엄 문이라는
영국 사람에 의하여 만들어졌습니다.

대학시절 윌리엄은 명석한 두뇌를 지니고 있어 학업 성적은 뛰어났지만
자신이 지닌 머리를 훌륭한 일에 사용하고자 하는 의욕은 없었습니다.

오히려 크고 작은 범죄와 사고로 물의를 일으키고 다녔습니다.

그러던 어느 날 윌리엄은 뜻하지 않는 사고로 눈이 멀게 되었습니다.

맹인이 된 다음에야 그는 그동안 찾지 않던 하나님을 찾았습니다.

"하나님 왜 하필이면 나입니까? 왜 나에게서 빛을 빼앗아 간 것입니까?"
그는 매일같이 하나님을 원망하며 한탄했습니다.

그러다가 그는 문득 새로운 사실을 깨닫게 되었습니다.

"내 주변에는 나와 같은 맹인이 참 많이 있구나.
내가 가진 재능으로 이들을 위해 할 수 있는 건 무엇일까?"

윌리엄은 눈뜬 사람들은 알 수 없는 맹인들의 감각을 연구하면서
이들이 사회생활에 참여할 수 있는 방안들을 연구했습니다.

이를 통해 그는 점자책을 만들어 냈고 수많은 맹인들의 빛이 되었습니다.

시련과 고통 속에서도 내가 할 수 있는 일은 분명히 있습니다.
절망스러운 환경을 탓하기보다는 내가 할 수 있는 일을 바라보십시오.
수많은 위인들은 모두 그것만을 바라보고 전진했습니다.

What a wonderful world!

1913년 새해 첫날, 뉴올리언즈는 축제가 한창이었습니다.

12살 소년 루이 암스트롱은 축제의 흥분에 젖어

아버지의 권총을 들고 나가 하늘을 향해 신나게 총질을 했습니다.

이윽고 출동한 경찰에 붙잡힌 암스트롱은

소년원에 수감되어 2년간 복역했습니다.

하늘에 총을 쏜 죄에 비해 너무나 가혹한 시간이었습니다.

그러나 그는 이곳에서 새로운 가능성을 발견하게 되었습니다.

소년원 내에 있는 브라스 밴드에 가입하여 관악기를 배정받았습니다.

음악이론이 전무했지만, 놀라운 음악적 재능으로

천재적인 연주 실력을 보여주었습니다.

이후 소년은 뉴올리언즈를 대표하는 재즈 연주자가 되었고

이론보다 마음으로 채득하는 것이 진정한 음악임을 보여주며

인종차별과 대공황으로 암울한 시기를 보내던 미국을 위로하는

아름다운 음악을 연주했습니다.

그는 자신이 보낸 어린 시절의 우울한 날들이

세상을 아름답게 볼 수 있는 힘이 되었다며 이렇게 노래합니다.

'What a wonderful world!' (아, 이 얼마나 아름다운 세상인가!)

가장 빛나는 희망은 절망의 순간에 숨겨져 있습니다.

모든 것을 다 잃은 것 같은 순간에도

희망의 빛은 여전히 비추고 있습니다.

세상이 아름다운 것은 바로 희망이 있기 때문입니다.

나무로 만든 팔

2004년, 프랑스의 미술가 협회에서

「올해의 가장 멋진 그림」의 수상자로 프란시스 모더론을 선정했습니다.

모더론의 그림은 누구보다 예술성이 뛰어났으며

색채의 구성이나 상징성이 뛰어나다는 평가를 받았기에

그의 수상은 너무나 당연하게 여겨졌습니다.

시상식이 열리는 날이었습니다.

그에 대한 관심만큼 장내에는

많은 미술인들과 평론가들로 가득 찼습니다.

사회자는 프란시스 모더론의 이름을 호명하였고

이 날의 주인공이 천천히 단상위로 올라갔습니다.

그 순간 그의 모습을 처음 본 사람들은 깜짝 놀라고 말았습니다.

그에게는 미술가에게 가장 중요한 두 팔이 없었기 때문입니다.

많은 사람들은 어떻게 두 팔이 없는 사람이

그림을 그릴 수 있었는지 궁금해 했습니다.

그러자 모더론은 나무로 만든 팔을
몸에 연결해서 그림을 그렸다고 말했습니다.
그리고 환한 얼굴로 이야기 했습니다.
"저는 단 한 번도 손이 없다고 생각해 본 일이 없습니다.
제 호흡이 붙어 있는 한, 이 나무 손으로
인생의 아름다움을 계속 그려나가겠습니다."
장내에는 우뢰와 같은 박수가 끊이지 않았습니다.

불행은 스스로 불행하다고 생각하는 사람에게 찾아옵니다.
자신에 대한 마음이 무너지면
내게 남겨진 가능성을 볼 수 없기 때문입니다.
불행한 상황이 내 삶에 찾아올지라도
가능성을 바라보고 다시 일어서십시오.

내게 남은 나무 팔이 희망의 길을 열어 줄 것입니다.

무인도와 황금

바다를 항해하던 어떤 배가 폭풍에 난파되어
많은 사람들이 목숨을 잃었습니다.
몇몇 사람들만 살아남아 무인도에 도착했습니다.
다행히 난파된 배에서 흘러나온 식량과 씨앗이 있어
당분간 먹을 것은 해결되었습니다.
이 무인도에서 언제 빠져나갈 수 있을지 몰랐던 그들은
씨앗을 심기로 결정하고 알맞은 땅을 골라 흙을 파내기 시작했습니다.
그러자 파내는 곳마다 커다란 황금 덩어리가 나오기 시작했습니다.
황금을 보자 아무도 씨앗을 심지 않았습니다.
모두들 매일같이 황금 캐내기에만 혈안이 되었습니다.
몇 달이 지났습니다.
식량은 바닥이 났고, 무인도에는 더 이상 먹을 것이 없었습니다.
생존자들은 그제 서야 황금 캐기를 중단하고

부랴부랴 씨앗을 심었습니다.

그러나 심은 씨앗이 미처 열매 맺기도 전에

모두들 굶어 죽고 말았습니다.

수많은 황금 덩어리들을 옆에 두고 말입니다.

지금 나에게 가장 필요한 것은 무엇일까요?

돈이나 권력, 명예가 내 삶을 풍요롭게 해 줄 수 있을까요?

평소에 꿈꾸던 것들도 위기의 순간에는 독이 될 수 있습니다.

지금은 씨앗을 심을 때입니다.

씨앗이 뿌리내리고 열매 맺기를 기다리는 마음으로

열심히 땅을 고르며 오늘 하루에 최선을 다할 때

나에게 가장 필요한 것을 얻을 수 있습니다.

알 파치노의 격려

1940년 뉴욕 빈민가 브롱스에서 한 아이가 태어났습니다.

그 아이는 부모의 이혼으로 어려서부터 혼자가 되었으며

식당 종업원에서 매춘부를 소개하는 일까지

험한 일을 하면서 청소년기를 보냈습니다.

그의 유일한 즐거움은 영화였습니다.

영화를 보고, 영화 속 배우를 따라하며 외로움을 달랬습니다.

그는 고등학교를 중퇴한 뒤 거의 7년 동안을

주머니에 돈 한 푼 없는 백수로 지냈습니다.

때로는 길거리에서 노숙을 하며 힘든 시간을 보냈습니다.

그런 중에도 영화에 관한 관심을 잃지 않았던 그는

27세가 되던 해 연기학교에 다니게 되었고,

5년 뒤 자신이 주연한 영화를 발표하게 되었습니다.

이후 그의 연기력은 빛을 발하였고,

무려 일곱 번이나 아카데미상 후보에 올랐습니다.

53세가 되던 해인 1993년, 그는 「여인의 향기」로
마침내 남우주연상을 수상하였습니다.
그는 수상 소감으로 브롱스가의 한 소녀 팬에게
자신의 출신을 밝히면서 희망을 잃지 말라고 말했습니다.
그는 영화 「대부」로 잘 알려진 연기파 배우 알 파치노입니다.

그의 성공은
어려운 상황 속에서도 희망을 잃지 않고
자신의 꿈을 향해 달려간 결과였습니다.
어떠한 어려움이 있을지라도 꿈을 포기하지 마십시오.
자신의 꿈을 향해 노력하는 이들에게는
반드시 희망의 날개가 펼쳐질 것입니다.

석양의 무법자

흔히 서부영화 하면 이런 장면이 기억납니다.
총잡이가 담배를 입에 물고 상대를 바라보며
총을 빼려는 순간의 긴장감입니다.
이때 흘러나오는 음악은 영화에 더 깊이 몰입하게 만들고
흥미진진한 서사적 감성에 빠져들게 합니다.
특히 영화 「석양의 무법자」에 나오는 음악은
40년이 지난 지금까지도
많은 사람들에게 사랑받는 영화 음악으로 남아있습니다.
이 음악의 작곡가 엔니오 모리꼬네는 영화음악의 거장으로 불립니다.
그는 40여 년 동안 '석양의 무법자' 외에
약 500여 곡의 영화음악을 남겼습니다.
시네마천국, 미션, 러브 어페어 등 그가 남긴 음악은
우리에게 영화 이상으로 더 많은 감동을 주었습니다.
그는 이렇게 수많은 명곡을 발표했음에도 불구하고
미국 출신이 아닌 영화계 변방에 있던 사람이라는 이유로

단 한 번도 아카데미 음악상을 수상하지는 못했습니다.
그러나 2007년 헐리웃은 그의 음악이 영화에 기여한
공로를 인정하고 그에게 아카데미 공로상을 수여했습니다.
그의 나이 여든이 되던 해에 말입니다.
그는 노구를 이끌고 아카데미 시상식장에 오르면서
이탈리아어로 이렇게 수상 소감을 남겼습니다.
"나는 지금 도착이 아닌 출발점에 서 있습니다."

세상이 나의 노력을 외면하는데도 묵묵히 그 길을
갈 수 있는 열정은 어디서 나오는 걸까요?
거장은 그래서 거장인가 봅니다.
이미 늦었다고 포기하지 마십시오.
여든의 나이에 출발선에 서 있는 음악가가 있습니다.
그리고 우리 모두가 출발선에 서기를 응원하고 있습니다.

합격 사과

1991년 사과 재배로 유명한 일본 아오모리 현에
기록적인 태풍이 불어 닥쳤습니다.
1년 동안 땀 흘리며 재배했던 사과의 90%가 떨어져 버렸습니다.
농민들은 비탄에 빠졌고 애꿎은 하늘만 원망했습니다.
이런 절망적인 상황에서도 웃음을 잃지 않은 사람이 있었습니다.
그는 떨어지지 않은 10%의 사과를 정성스럽게 거둬들였습니다.
그리고 예쁘게 포장한 후 '합격 사과' 라는 상표를 붙여
시장에 내다 팔았습니다.
물량이 많지 않아 보통 사과에 비해 10배 이상 비싼 가격이 붙었습니다.
그러나 특이한 상표에 매료된 소비자들의 구매 요구가 빗발쳤고
사과는 금세 동이 나고 말았습니다.
특히 엄청난 위력의 태풍 속에서도 떨어지지 않았다는 사실 때문에
시험을 앞둔 수험생들에게 폭발적인 인기를 얻었습니다.

잃어버린 90% 때문에 절망하지 마십시오.

남은 10% 속에서 답이 있습니다.

이것이 바로 희망을 가져야 하는 이유입니다.

희망은 작은 가능성이라도 포기하지 않을 때

우리를 성공적인 미래로 인도해 줄 것입니다.

희망은 절망을 이긴다

토마스 칼라일은 말했습니다.

"인간은 희망에 기초를 두고 있는 존재다.

인간은 자기 소유를 다 빼앗길지라도 오직 희망만큼은 잃지 않기를 바란다."

철학에서 인간을 정의하는 단어 중 호모 에스페란스(Homo esperans)는

'희망하는 존재'를 의미합니다.

인간의 존재를 이야기 할 때, 희망의 가치가 상당히 크다는 의미입니다.

2차 대전 당시 독일의 수용소 아우슈비츠에서 살아남은

유태인 의사 빅터 프랭클은 희망의 가치를 몸소 보여준 인물입니다.

그는 굶주림과 질병, 그리고 잔혹한 학살 속에서도

희망을 버리지 않았습니다.

매일 유리조각으로 면도하고, 식수를 아껴 세수를 하며

내일에 대한 희망으로 하루하루를 버텼습니다.

수많은 유태인들이 가스실로 향하는 죽음의 길로 걸어 갈 때,

청결하고 생기 있게 보였던 그는

독일군 장교들의 시중을 들기 위해

차출되면서 생명을 부지할 수 있었습니다.

전쟁이 끝나자 독일군은 수용소를 버리고 떠났고,

희망을 버리지 않았던 그는 살아남을 수 있었습니다.

이후 그는 아우슈비츠의 참혹함을 전 세계에 알리고,

자신의 경험을 통한 특별한 심리치료 방법을 만들어

의료 연구 분야에도 크게 기여했습니다.

지금 당신이 처한 상황이 암울하고 절망적인가요?

더 이상 새로운 가능성이 보이지 않나요?

그럼에도 불구하고 낙심하거나 절망하지 마십시오.

희망을 발견할 수 없는 상황은 없습니다.

다만 희망을 버린 사람만이 있을 뿐입니다.

오늘 새로운 희망으로 다시 태어나는 당신이길 바랍니다.

헨리 조지와 5달러

헨리 조지는 아버지의 사업 실패로 일찍부터 노동에 시달렸습니다.

14세 때부터 가게와 사무실에서 잡일을 해야 했고

16세 때에는 어른들도 하기 어려운 선원이 되어

호주와 인도까지 다니며 일했습니다.

이후 결혼할 때까지 그는 광산이나 공장에서 막노동을 했습니다.

21세 되던 해 사랑하는 여인을 만났지만

여인의 가족은 가난한 그를 받아주지 않았습니다.

조지는 그녀와 함께 도망쳐 나와 결혼 생활을 시작했습니다.

짧은 신혼 생활 이후 가족이 늘어날수록 가난은 더욱 그를 괴롭혔습니다.

둘째 아이가 태어났을 때에는 집에 빵 한 조각도 없었습니다.

그는 아내와 아이들을 먹이기 위해 길가에서 구걸을 하였고,

지나가던 신사가 준 5달러로 끼니를 때우기도 했습니다.

글쓰기에 재능이 있었던 조지는 출판업을 하면서

자신이 처했던 경험과 사회의 부조화된 경제 구조를 비판한

「진보와 빈곤」이라는 책을 발표했습니다.

이 책은 미국을 넘어 전 세계에서 엄청난 인기를 얻었으며

19세기 가장 위대한 경제 서적으로 평가받고 있습니다.

어려운 환경은 언제나 내 어깨를 짓누릅니다.

그리고는 도저히 일어날 수 없도록

수렁으로 밀어 넣기도 합니다.

그러나 고통을 견디고 힘차게 일어선다면

내 어깨를 짓눌렀던 고통은

날개로 변하여 미래를 향해 비상하게 도와줄 것입니다.

한 손가락 연주자

로버트 슐러 목사의 처남 프랭크 벤더 마틴은
미국 아이오와 주의 수 카운티에서
제일가는 바이올리니스트였습니다.
그런데 18세 때 아버지가 경영하는 대장간에서
불의의 사고를 당했습니다.
빨갛게 달아오른 쇠가 그의 왼손에 떨어져
손가락들이 잘려나간 것입니다.
많은 사람들이 그의 음악생활은 끝났다고 여겼습니다.
그러나 그는 엄지손가락만 남은 왼손으로 바이올린 활을 잡았고
오른손으로 바이올린의 네 줄을 짚고 다시 연습을 시작했습니다.
그리고 수 카운티 교향악단의 가장 뛰어난 바이올리니스트가 되었습니다.
그는 자신을 걱정하는 많은 사람들에게 이렇게 말했습니다.
"내가 불구자라고 생각하지 않는 한 나는 결코 불구자가 아닙니다."
로버트 슐러 목사는 처남의 놀라운 정신력을 이렇게 평가했습니다.

"불가능한 일이 존재하는 것이 아니라,

불가능하다는 생각이 존재하는 것입니다."

어려운 일에 처할 때

우리는 어떤 생각에 사로잡힙니까?

모든 문제는 이미 우리 마음속에서 결정되고 있습니다.

모든 것이 안 될 것 같고, 실패할 것 같고

자신 없고 낙심되는 절망적인 상황에 빠져있을 지라도

내가 할 수 있다는 마음만 가진다면 우리는 해 낼 수 있습니다.

롱펠로와 사과나무

19세기 최고의 시인으로 불리는 롱펠로는
두 명의 아내를 병과 재난으로 잃고 난 뒤
힘들고 외로운 인생을 살았습니다.
임종을 앞둔 롱펠로에게 한 기자가 물었습니다.
"선생님은 험한 인생을 살아오시면서
어떻게 그런 아름다운 시를 쓸 수 있었습니까?"
롱펠로는 정원의 사과나무를 가리키며 이렇게 말했습니다.
"저 사과나무가 내 인생의 스승이었습니다.
사과나무에 해마다 새로운 가지가 자라고, 꽃이 피고,
열매가 열렸습니다. 나도 저 사과나무처럼 해마다 그렇게
새로운 열매를 맺겠노라고 다짐하며 살아왔습니다."

인생을 살아가는 관점의 차이는
우리가 가야 할 목적지를 바꾸어 놓습니다.

내가 향해 가는 인생의 목적지는 어디인가요?

긍정을 향해 걸어가십시오.

삶이 나의 몸을 녹이고, 영혼을 불사를지라도

아름다운 것을 바라고, 아름다운 것을 꿈꾸며

그렇게 걸어가십시오.

앙상한 나무에 새 순이 돋듯이

당신의 인생에도 탐스런 열매가 풍성히 열릴

그날이 분명히 찾아올 것입니다.

독일 포로 수용소에서의 희망

유태인 랍비 휴고그린은 독일의 집단 수용소에서 겪은
뼈아픈 체험담을 전후 독일 잡지에 이렇게 기고했습니다.

그 날은 1944년 몹시 추운 겨울이었다.

나와 함께 감금된 아버지께서 나와 친구 몇 명을

수용소 건물 한 구석으로 모이게 하셨다.

아버지는 오늘이 유대인의 명절인

'하누카의 저녁'이라고 하셨다.

아버지는 진흙 주발을 내놓으시더니

수용소에서 좀처럼 구하기 힘든 귀한 버터를 녹여서

심지를 적시고 촛불을 대신하여 불을 밝히셨다.

나는 아버지께 그 귀한 버터를 먹지 않고 낭비하는 데에 항의했다.

아버지는 가만히 나를 보시더니 이렇게 말씀하셨다.

"사람은 밥을 먹지 않고도 3주간을 살 수가 있어.

그러나 희망이 없이는 한순간도 살 수 없단다."

이제 더 이상 먹고 사는 문제가 우리의 주된 관심에서 벗어났습니다.

반면에 먹고 사는 것과는 상관없는 범죄들이 기승을 부리고 있으며

부유층 혹은 유명인들의 자살은 더 이상 생소한 일이 아닙니다.

독버섯처럼 퍼져가는 우울증과 알 수 없는 분노가 현대인들의

얇아져가는 감성의 보호막을 갈기갈기 찢어버리고 있습니다.

미래에 대한 두려움으로 누구도 믿지 못하는 사회입니다.

희망이 사라진 까닭입니다.

이제 우리에게 희망의 불씨를 살려내야 합니다.

포기하지 않고, 미래를 밝힐 촛불을 밝혀야 합니다.

그러기 위해 내 손에 쥐고 있는 작은 버터 한 조각을 버릴 수 있어야 합니다.

오늘 먹을 것에 염려하지 마십시오.

희망을 얻게 된다면 영원토록 내 영혼의 배를 채우게 될 것입니다.

로댕의 포기하지 않는 사람

「생각하는 사람」으로 우리에게 친숙한 조각가 로댕은

프랑스 국립미술학교에 3번이나 떨어졌습니다.

조각에 대한 열정은 계속되었지만, 가난이 그의 미래를 막았습니다.

아버지마저 실직하자 가족의 생계를 위해 돈을 벌어야 했습니다.

학업을 포기하고 은 세공업을 하면서 생계를 유지하던 중

여동생의 사망 소식에 충격을 받고 수도원으로 들어갔습니다.

그곳에서 그의 재능을 눈여겨보던 수도사의 권유로

다시 조각을 시작하고 작품을 출품해 보았지만

너무 사실적이라는 이유로 낙선하고 말았습니다.

그러다 또 다시 생계유지를 위해 이런 저런 일을 하며 여행을 하던 중

이탈리아에서 조각에 대한 새로운 영감을 얻었습니다.

여행이 자신의 부족한 점과 조각 예술에 대한

새로운 시선을 가르쳐 준 것입니다.

파리로 돌아온 그는 조각가로서 자신의

이름을 알리기 시작한 「청동시대」를 발표했습니다.

이때 그의 나이 39세였습니다.

환경은 그를 조각가로 받아들여주지 않았습니다.

자신도 고민과 좌절로 많은 시간을 허비했습니다.

그러나 포기하지 않고, 꿈을 이어나갔기에 그의 작품이

근현대 조각 미술의 역사를 움직일 수 있었습니다.

인생의 시작은 내가 일어서는 그 순간부터입니다.

당신이 포기하지 않는 한 아직 늦지 않았습니다.

다시 한 번 나의 가능성을 찾아 열정을 불태워 보시기 바랍니다.

언젠가, 눈부신 결과가 나를 맞이하게 될 것입니다.

루돌프 사슴 코

1930년대 미국이 경제 공황으로 어려움에 처해있을 때입니다.

로버트 메이라는 3류 동화작가에게

5년 넘게 병상에 누워 있던 병든 아내가 있었습니다.

이미 병원비와 생활비는 바닥을 드러냈고

가진 것 없었던 이들에게는

병원 생활을 지속할 여력이 남아있지 않았습니다.

메이는 죽음을 앞둔 아내를 위해 동화 한 편을 써서 읽어주었습니다.

코에서 빨간 불빛이 비추는 사슴, 루돌프의 이야기였습니다.

루돌프는 특이한 자신의 코 때문에 친구들에게 놀림을 받았지만

잔뜩 흐렸던 어느 크리스마스 날, 어둠을 밝히는 루돌프의 코 때문에

산타클로스가 안전하게 선물을 전할 수 있었다는 이야기였습니다.

메이는 아내에게 밝은 희망을 이야기 해 주고 싶었고

아내는 남편의 사랑이 담긴 동화에 감동 받았습니다.

아내는 숨을 거두기 전, 이 동화가 많은 아이들에게 읽히기를 소망했고

이 동화는 아내의 소원대로 일류 동화 잡지의 호평을 받아
지금까지 크리스마스에 가장 사랑 받는 동화로 전해지고 있습니다.

세상을 감동시키는 아름다운 이야기에는
진정한 사랑과 희망이 젖어들어 있습니다.
우리도 가족을 위해, 친구를 위해, 괴로움에 고통 받는 이웃을 위해
내가 그린 루돌프로 위로의 이야기를 전해보면 어떨까요?
루돌프의 밝은 빛이 희망의 선물을 잔뜩 가져다줄지도 모르니까요.

B-17 폭격기의 귀환

2차 세계 대전 때의 일입니다.

폭탄 투하의 임무를 받고 B-17 폭격기가 독일 상공으로 날아갔습니다.

폭격기는 독일 상공에서 예상치 못한 거센 저항을 받았습니다.

독일군의 대공포에 여러 차례 공격을 받았지만 폭격기는

어떤 피해도 받지 않았고 임무를 무사히 완수한 후 귀환했습니다.

정비병들은 출격했던 폭격기를 정비하던 중 놀라운 사실을 발견했습니다.

폭격기의 연료 탱크에서 20밀리 포탄

10여 발이 발견된 것입니다. 만약 그 중 단 한 발이라도

폭발 했다면 폭격기는 공중에서 가루가 되었을 것입니다.

모두 기적이라 안도하던 중 정비병들은

더욱 놀라운 사실을 발견했습니다.

이 불발탄들은 모두 안쪽이 텅 비어있었으며

한쪽에 다음과 같은 글씨가 체코어로 적혀 있었습니다.

'이것이 지금 우리가 할 수 있는 모든 것입니다.'

독일 군수품 공장에서 일하는 체코인들이
고의적으로 불발탄을 제조한 것입니다.
체코인들의 작은 저항이 작전을 성공으로 이끄는 큰 힘이 된 것입니다.

우리는 한 사람의 희생과 헌신이
세상을 변화시키기기 힘들 거라고 여길 때가 많습니다.
그래서 '어차피 안 될 것' 이라 여기고 쉽게 포기하기도 합니다.
그러나 지금 이 순간에도
눈물이 있는 곳에서, 분노가 있는 곳에서, 싸움이 있는 곳에서
함께 울며, 서로를 위로하고, 평화를 위해 싸우는
이름 없는 사람들이 있습니다.
아름답고 행복한 사회는 이렇게
한 사람의 보이지 않는 작은 희생에서 시작됩니다.

스필버그의 꿈

헐리우드의 명감독 스티븐 스필버그는
자신의 유년시절이 매우 외로웠다고 고백했습니다.
유태인 가정에서 태어나 쉽게 친구들을 사귀지도 못했고
생활 방식이 틀려 다른 사람들을 만날 여유도 없었습니다.
특히 크리스마스가 되면 그의 외로움은 더욱 커졌습니다.
다른 집들은 환하게 불을 밝히고 파티와 축제로 바쁘게 보냈지만
유태인 가정은 크리스마스 절기를 지키지 않았기 때문에
조용히 평범한 하루를 보내야 했습니다.
그렇게 홀로 보내는 시간이 많아지면서
소년 스필버그는 혼자만의 시간을 즐기기 시작했습니다.
상상을 통해 친구들을 만들어 냈고
상상속의 친구들과 이야기를 나누거나
재미있는 놀이를 즐기면서
자신만의 즐거움을 찾아나갔습니다.

그가 영화감독이 되었을 때

자신이 어릴 때 상상했던 이야기와 친구들을 떠올렸습니다.

상상속의 친구들은 영화를 통해 세상에 나왔고,

전 세계 어린이들의 감성을 사로잡는 히트 제조기가 되었습니다.

어떤 환경 속에서도 꿈을 꾸는 것은 어렵지 않습니다.

많은 돈이 드는 것도 아니며 고된 노동이 필요하지도 않습니다.

우리가 어릴 적 공부했던 내용은 쉽게 잊혀 질지 몰라도

꿈꾸고 상상했던 이야기들은

어른이 되어서도 기억 속에 남아 있습니다.

알게 모르게 우리는 상상의 힘으로 살아가고 있는 것입니다.

내가 하는 상상이 내 미래를 움직입니다.

아름다운 상상을 하십시오.

아름다운 인생을 위한 첫 걸음이 바로 여기에서 출발합니다.

아베베의 우승 비결

아베베는 올림픽 마라톤 종목에서 세계 최초로 2연패를 달성했습니다.
어느 날 신문 기자가 아베베를 인터뷰하던 중
자신만의 우승비결이 무엇인지 물어보았습니다.
아베베는 잠시 생각을 정리하고 이렇게 대답했습니다.

"별다른 비결이라고는 없습니다.
마라톤은 경쟁을 통해 우승하는 종목이 아닙니다.
자기 자신과의 싸움에서 이겨야 하는 종목입니다.
40km를 넘게 달리다 보면 숨이 차고 심장이 터질 듯한
순간이 찾아옵니다. 때로는 몸이 무거워져 발을 떼기가
힘든 순간도 찾아옵니다. 그럴 때마다 컨디션을 가다듬고
평소와 같이 뛰기 위해 몸과 마음을 다스려야 합니다.
내 안에서 찾아오는 고통을 극복해야 합니다.
그러다 보면 결승선은 어느덧 눈앞에 펼쳐지고

우승과 연결되는 것입니다."

경쟁을 하다보면 우리는 상대방을 의식하지 않을 수 없습니다.

결국 1등은 단 한명이기에 내가 아닌 다른 사람이

그 자리에 오르지 않길 바라는 마음으로 견제할 때도 있습니다.

그러나 우승을 위해서는 가장 먼저

다른 사람이 아닌 자기 자신을 이겨야 합니다.

나태한 마음을 이기고, 불안과 두려움을 극복하고

과도한 자신감과 교만함과 싸워 이겨야 합니다.

비록 최고의 자리에 오르지 못할지라도

자신과의 싸움에서 이긴 사람은

인생이라는 경주에서 최고의 마라토너가 될 것입니다.

난도의 귀환

우루과이의 럭비팀 선수였던 난도는 친선경기를 위해
비행기를 타고 칠레로 가고 있었습니다.
갑작스런 기상 악화로 비행기는
험준한 안데스 산맥 어딘가에 추락하고 말았습니다.
45명의 탑승 승객 중에 겨우 16명 만이 살아남았습니다.
난도는 다행히 목숨을 건졌지만
어머니와 누이동생은 사고로 목숨을 잃었습니다.
생존자들은 살아남기 위해 혹독한 추위와 배고픔을 견뎌야 했습니다.
식수를 마련하기 위해서 차가운 눈을 녹여 마시고
부족한 식량을 쪼개 먹으면서 구조대를 기다렸습니다.
그러나 워낙에 험준한 지형인지라 구조대는 이들을 찾아내지 못했습니다.
며칠이 지난 후 난도는 스스로 구조대를 찾아 가겠다고 결심했습니다.
더 이상 기다렸다가는 모두들 굶어죽거나
얼어 죽을 거라 생각되었기 때문입니다.

등산 장비와 추위를 피할 수 있는 옷가지도 없었지만
나머지 15명의 생명이 자신에게 달렸다는 생각에
칠레의 국경을 향해 쉬지 않고 걸었습니다.
열흘 쯤 지난 후 난도는 극적으로 구조대를 만났고, 그가 안내한 곳으로
찾아간 구조대는 무사히 생존자들을 구할 수 있었습니다.

고난은 나를 시험하는 스승과도 같습니다.
힘든 상황에서 움츠러들고 포기하고 싶어질 때
내 편이 아닌 것 같더라도 맞서 싸우고 힘을 내 일어서면
고난은 어느새 내 편에서 나를 응원하고 있습니다.
그리고 한 단계 더 나를 성장시켜줍니다.
더 이상 나를 도와주는 이가 없을 때 고난과 친구가 되십시오.
희망의 길로 향하는 친구가 되어 줄 것입니다.

카네기가 만든 백만장자들

지그 지글러의 「사람을 다루는 기술」에 나오는 일화입니다.
강철왕 카네기의 회사는
43명이나 되는 백만장자를 배출했습니다.
카네기는 가능성이 보이는 사람에게
충분한 금액을 제시하여 영입하고
단기간에 능력을 보여주지 못하더라도
자신의 능력을 펼칠 수 있는 충분한 시간을 주었습니다.
카네기의 회사에서 일하는 사람들은
다른 회사보다 비교적 많은 연봉을 받으며
오랜 기간 동안 일할 수 있었습니다.
어느 기자가 카네기에게 이렇게 고액 연봉의
임직원을 많이 배출하게 된 배경을 물었습니다.
그러자 카네기는 이렇게 대답했습니다.
"내가 누군가와 함께 일한다는 것은 금광에서 금을 캐는 것과 비슷합니다.

금 한 조각을 캐기 위해서 그보다 수 천 배가 많은 흙을 캐내야 합니다.
물론 흙은 전혀 필요치 않습니다. 제게 필요한 것은 한 조각의 금이지요."

우리가 타인을 평가할 때
때로는 장점보다 단점을 많이 찾아 낼 때가 있습니다.
그러면 잠재력과 가능성은 발견하지 못할 뿐만 아니라
갈등을 일으키고 일의 능률을 떨어뜨리게 됩니다.
우리가 서로를 바라볼 때 가능성 찾기에 더욱 힘쓰면 어떨까요?
단점은 과감히 눈감아 주고 다시 돌아보지 않는 것입니다.
아주 작은 1%의 가능성을 크게 보며, 서로를 격려하고, 기다려 줄 때
기대 이상의 성과와 능률을 발휘할 수 있을 것입니다.

트루먼의 위대한 선언

지구촌 곳곳에서 들려오는 뉴스들이

우리의 마음을 우울하고 두렵게 만듭니다.

전쟁과 재앙의 현장을 찍은 필름들이

밤낮으로 뉴스시간을 채우고 있습니다.

이러한 두려움은 우리 몸뿐만 아니라 마음까지도 병들게 합니다.

미국의 트루먼 대통령은 극심한 경제 공황으로 온 국민이 떨고 있을 때

"국민 여러분, 두려움만 빼고 아무것도 두려워하지 마십시오."

라고 연설했습니다.

이 연설은 실의에 빠졌던 국민들에게 큰 위로와 힘이 되었습니다.

그리고 이 연설이 미국 경제 난국을 해결하는 계기가 되었다고 합니다.

우리는 어떤 고난도 극복할 수 있는 위대한 잠재력이 있습니다.

두려움이 가로막지 않는 한 우리는 위대한 역사를 만들어 낼 수 있습니다.

지금 무엇이 나에게 두려움으로 다가오나요?

두려움을 떨쳐버리고 담대하게 나아갈 때

내 눈 앞에는 기다리는 것은 바로 승리를 향해 뻗어있는 길입니다.

마지막 잎새

윌리엄 시드니 포터는 일찍 부모님을 여의고
불우한 어린 시절을 보냈습니다.
결혼 후, 텍사스의 오스틴 은행에서 일하다가
공금 횡령죄로 5년형을 선고받고 형무소에 수감되었습니다.
그의 감옥 생활은 눈물과 후회로 가득했습니다.
시간이 흘러 그곳 생활에 점차 익숙해지면서
세상에는 자신이 알지 못하는 사연과 범죄, 그리고 어려운 환경 속에서
고통 받는 사람들이 많다는 사실을 깨달았습니다.
그는 그곳에서 들은 이야기들을 하나씩 글로 쓰기 시작했습니다.
절망에 빠져있는 사람들을 위해 희망의 이야기를 썼고
어려움에 처한 사람들에게 용기를 주는 글을 썼습니다.
책을 발표하고 싶었으나 아빠가 감옥에 있다는 사실을 모르는
어린 딸 때문에 자신의 이름을 밝힐 수가 없었습니다.
그래서 본명을 감추고 '오 헨리' 라는 가명으로 소설을 발표했습니다.

그의 소설은 경제난과 암울한 사회 분위기와 맞물려

미국 전역에서 큰 인기를 얻었습니다.

희망을 이야기 하는 대표적인 단편 소설 「마지막 잎새」는

바로 그의 절망과 좌절 속에서 탄생한 것입니다.

절망과 좌절이 내게 독이 되는 것만은 아닙니다.

오히려 내 미래를 바로 볼 수 있도록 도와주기도 합니다.

지금 내가 처한 환경이 최악의 상황이라면 도리어 희망일 수 있습니다.

용기 내어 한 발 한 발 걸어 나갈 때

이전에 미처 알지 못했던 새로운 길이 열릴 것입니다.

세계 최초 자전거 여행 완주

세계 최초로 자전거 세계여행에 성공한 여성이 있습니다.

그녀가 자전거로 달린 거리는 약 12,000 마일에 달합니다.

서울에서 부산까지를 20번 이상 왕복하는 거리입니다.

아무리 건장한 남성이라도 쉽게 성공할 수 없는 여행입니다.

그러나 이 여성은 놀라운 정신력으로 자전거 세계 일주에

성공했으며, 그녀의 이름은 기네스북에 올라갔습니다.

자전거 세계일주 주인공은 앤 머스토라는 이름을 가진 평범한 여성입니다.

그녀가 자전거 여행을 시작 할 당시 나이는 54살이었습니다.

그녀의 직업은 영국의 한 사립학교 교장이었습니다.

체중도 불어 있었고, 특별히 운동을 한 적도 없었습니다.

그러나 노년에 찾아온 도전 정신은 그녀의 시야를 바꾸어 놓았습니다.

자전거 여행을 준비하는 동안에도 그녀의 결심은 흔들리지 않았습니다.

그녀는 유럽과 아시아를 거쳐 미국을 횡단하며

439일간의 놀라운 여정을 성공으로 마쳤습니다.

힘이 있다고 아직 젊다고 나태하거나 자랑하지 마십시오.

힘과 젊음도 의지가 없으면 아무것도 아닙니다.

변하지 않는 의지와 자신감만 있다면

우리는 이미 성공의 9부 능선을 넘고 있는 것입니다.

2,399번의 실패

에디슨이 백열등의 필라멘트를 발명할 때 이야기입니다.

계속된 실패에 지친 그의 조수가 말을 꺼냈습니다.

"선생님, 벌써 90가지 재료로 실험을 해 보았지만 모두 실패했습니다.

필라멘트를 발명한다는 것은 불가능한 것 같으니 그만하면 어떻겠습니까?"

그러자 에디슨은 이렇게 말했습니다.

"무슨 소리인가, 자네는 그것을 왜 실패라고 생각하는가?

그것은 실패가 아니라네, 안 되는 재료 90가지가 무엇인지를

알아낸 아주 중요한 실험이라네."

그리고 계속해서 실험을 해 나갔습니다.

연구를 시작한 지 13일 째 되는 날,

2,399번의 실패 끝에 실험에 성공했습니다.

2,400번 째 실험에서 전류를 통해도 타지 않고

빛을 내는 필라멘트를 만들어 낸 것입니다.

오늘날 우리의 밤을 밝혀주는 불빛이

바로 2,399번의 실패를 통해 빛나고 있다는 사실을 잊지 마십시오.

위대한 성공은 수많은 실패를 거듭해야만 얻을 수 있는 열매입니다.

실패를 거듭할 수록 성공에 다가왔다는 사실을 기억하시기 바랍니다.

실패는 성공을 위한 밑거름입니다.

소유와 행복

미국 갤럽연구소가 18개국 국민을 대상으로 행복도 조사를 했습니다.
조사결과 아이슬란드인들이 1위를 차지했습니다.
추운 북대서양에 고립되어 사나운 바다와 싸워야 하고
겨울에는 밤이 20시간 씩 지속되는 열악한 자연환경 속에서
물고기를 잡아 생계를 유지하는 인구 30만의 작은 나라 사람들이
세상에서 가장 행복하다는 결과입니다.
과연 이들이 행복을 느끼며 살아가는 비결은 무엇일까요?
아이슬란드 대학의 사회학자 소르린드 교수는
그 이유를 다음과 같이 설명했습니다.
"행복의 비결은 생활의 안락함이 아니라
오히려 불편함에 있다고 믿습니다.
불편함 속에서 아이슬란드인들은 자신들이
가진 환경을 즐길 줄 아는 법을 배운 것입니다."

전 세계의 수많은 문명국가들은 생활의 편안함을 위하여

많은 온실 가스와 공해를 배출하면서 생활하고 있습니다.

이 때문에 자연은 각종 기상 이변으로 피해가 속출하고 있습니다.

잘 사는 나라일수록 더욱 심각하게 자연을 파괴하고 있습니다.

그러나 행복은 편안한 삶 속에서 오는 것이 아닙니다.

진정한 행복은 조금 불편하더라도 지금 있는 것에 만족하며

자연과 어우러져 주어진 환경을 즐기며 살아갈 때

우리에게 주어지는 선물입니다.

5분의 위력

18세기 유럽대륙을 정복했던

나폴레옹이 사관학교에 다닐 때의 일입니다.

사관학교 교관이 생도들에게 이렇게 질문했습니다.

"제군들, 똑같은 병력, 똑같은 지형조건에서

똑같은 무기를 가진 두 군대가 전투를 벌였을 때

승리를 가져올 수 있는 부대는 어떤 부대라 생각하는가?"

다른 생도들이 대답을 주저하고 있을 때

나폴레옹이 일어서서 이렇게 대답했습니다.

"최후의 5분까지 견디는 군대가 이길 것이다."

이기고 지는 것은 결국 누가 마지막까지

최선을 다하느냐에 달렸다는 이야기입니다.

우리의 삶도 전투와 같습니다.

매일매일 우리에게 주어진 문제들과 싸워 이겨야 하기 때문입니다.

지금 내 삶의 전투는 어떤 상황에 처해 있나요?

당장 포기하고 싶을 만큼 어려운 상황에 놓여 있지는 않는지요?

마지막까지 살아남아 최후의 5분을 견디는 군인들처럼

우리의 인생도 승리를 위해

참고 또 참아내는 인내가 필요할 때입니다.

최후의 5분,

승리를 위해 당신에게 주어진 마지막 시간입니다.

뽀빠이와 맥고인티

제코 맥고인티는 만화영화 '뽀빠이'의 모델이 된 실제 인물입니다.

그는 원인 모르는 병을 안고 태어났습니다.

의사는 그가 얼마 살지 못할 것이라 말했고

그의 부모는 어려운 환경 때문에 그를 버려야 했습니다.

어린 시절을 고아원에서 보내야 했던 그는

14살이 되자 고아원을 뛰쳐나와 뱃사람이 되었습니다.

얼마 살지 못할 것이라는 의사의 예상과는 달리

해마다 그의 건강은 몰라보게 나아졌으며

뱃사람으로서 건장한 체격을 유지했습니다.

그러나 원인 모르는 병, 관심과 사랑 없이 고아원에서 자란 기억,

그리고 배 위에서 보낸 힘들었던 생활은

그의 얼굴을 점차 험상궂게 만들었습니다.

30세가 되어 고향으로 돌아온 그는

작은 배를 사서 새롭게 인생을 시작했습니다.

그의 인생 역경의 이야기를 들은 어느 만화의 작가가

큰 감동을 받고, 그를 모델 삼아 만화를 그렸습니다.

파이프 담배를 입에 물고 항상 찡그린 듯한 표정의 '뽀빠이'가

바로 맥고인티의 힘들었던 인생 역경의 상징이 된 것입니다.

전 세계 어린이들의 영웅이었던 '뽀빠이'는 바로 이렇게 탄생한 것입니다.

인생의 영웅이 따로 있을까요?

많은 재산과 명예로운 권력을 얻어야만 인생의 영웅인가요?

하루하루 삶이 주는 경쟁과 불안, 두려움과 고통을 이기며

인생을 아름답게 가꿔간다면, 그 사람이 바로 인생의 영웅입니다.

마젤란 해협

1480년 포르투갈에서 출생한 사람이 있었습니다.

그는 30세에 군에 입대해서 전쟁에 참전했다가

평생 다리를 절게 되는 상처를 입었습니다.

2년 뒤 리스본으로 돌아온 그는 당시 포르투갈 왕인

마누엘에게 참전 용사의 연금을 올려달라고 요청했지만 거절당했습니다.

상심한 그는 국적을 버리고 스페인으로 갔습니다.

그곳에서 그는 일생일대의 기회를 얻었습니다.

스페인의 인도 원정대의 대장을 맡게 된 것입니다.

야심차게 출발한 원정이었으나 항해의 시간은 점차 길어졌고

각종 질병과 식량 부족으로 힘든 생활이 계속되었습니다.

1521년 필리핀으로 향하던 원정대는

막탄섬의 원주민들과 전투를 벌였고

그는 그곳에서 전사하고 말았습니다.

배는 인도양을 거쳐 다시 스페인으로 돌아왔습니다.

그리고 이 항해를 마치고 돌아온 배는

인류 최초로 세계 일주를 한 배로 기록되었습니다.

우리가 기억하는 마젤란이라는 이름이

바로 이 배의 선장이었습니다.

그의 세계 일주는 대항해시대의 역사를 바꾸었으며

대항해가라는 명예를 얻었습니다.

뿐만 아니라 남아메리카 남쪽의 바다는

그의 이름을 따서 마젤란 해협이라 불리고 있습니다.

타고난 배경이 열악합니까? 불운한 인생이라고 생각되십니까?

환경에 굴복하지 말고 주어진 환경에 최선을 다하기 바랍니다.

아무리 인생이 힘든 역경을 주더라도, 포기하지 않고 인생의 항해를

최선을 다해 끝낼 수 있다면, 당신이 마젤란입니다.

15%의 전문지식, 85%의 인간관계

미국의 카네기 공대 졸업생 중 사회적으로 성공한 사람들을
대상으로 성공 비결을 조사한 보고서가 있습니다.
이 보고서는 다음과 같은 내용으로 발표되었습니다.
'전문 지식이나 기술은 성공하는 데 15% 정도의 영향 밖에 주지 않았다.
나머지 85%는 좋은 인간관계에 있었다. 그리고 좋은 인간관계를 위해
입과 손과 발로 방문하는 습관이 있었다.'
'입의 방문'은 칭찬으로 사람의 마음을 부드럽게 하고 용기를 줍니다.
'손의 방문'은 편지나 글을 통해 진실된 마음을 전달합니다.
이를 통해 상대방은 깊은 감동을 얻게 됩니다.
마지막으로 '발의 방문'은 상대가 병중이거나 어려움이 있을 때
찾아가 위로를 주고 깊은 신뢰를 쌓아가게 됩니다.

성공하기를 원한다면 감동을 주는 사람이 되십시오.
성공한 사람들의 삶을 살펴보면

누구도 주변 사람들을 하찮게 여긴 사람은 없습니다.

성공한 이들은 말과 손과 발로 다가가

정성스럽게 인간관계를 지켜온 사람들입니다.

이처럼 성공의 비밀은 바로 인간관계 속에 있습니다.

에베레스트 정복기

에드먼드 힐러리라는 영국 청년이 세계에서 가장 높은
에베레스트 산을 등정하기 위해 산에 올랐습니다.
그러나 아쉽게도 악천후와 체력 고갈로
정상에 오르지 못하고 돌아와야 했습니다.
산에서 내려온 그는 우뚝 솟은
에베레스트 산을 바라보며 힘껏 소리쳤습니다.
"에베레스트 산이여, 네가 아무리 높을지라도
너는 자라지 못한다. 그러나 나는 자랄 것이다.
나의 힘과 능력도 함께 자랄 것이다.
또한 더 좋은 장비를 얻게 될 것이다.
그래서 나는 다시 돌아오겠다.
기다려라. 다음번에는 반드시 이 산에 오를 것이다."
1953년, 이 말을 남긴 지 10년 만에
에드먼드 힐러리는 다시 산으로 향했습니다.

그리고 마침내 정상에 우뚝 섰습니다.

꿈과 용기가 있는 사람은 결코 포기하거나 좌절하지 않습니다.
우리가 도전해야 할 인생의 에베레스트 산이 있다면
다시 한 번 시도해 보십시오.
꿈과 용기는 당신을 자라게 할 것입니다.
결국, 에베레스트 산은 정복당하고야 말 것입니다.

고산 등반의 최고 타이밍

고산(高山)등반에 조예가 깊은 사람의 말에 따르면

고산 등반의 최적의 타이밍은 밤 12시라고 말합니다.

몸의 상태는 최악일 수 있겠지만

해가 진 밤에는 눈이 단단하게 얼어

눈사태가 일어날 위험이 줄어들기 때문입니다.

그러나 해가 뜨기 시작하면 몸은 좋은 상태일지 모르지만,

찬 공기와 따뜻한 공기가 섞이면서

눈사태가 일어날 확률이 높아집니다.

6,000 미터가 넘는 거대한 산을 등반한다는 것은

수많은 위험이 뒤따릅니다.

그 중에서도 눈사태는 등산가들의 생명을 위협하는

가장 큰 위험요소로 평가됩니다.

그래서 눈사태를 피하기 위해 해가 진 깜깜한 밤에

산에 오른다는 이야기입니다.

우리의 현실도 이와 다르지 않습니다.

지금 이 순간, 실패와 두려움으로

옴짝달싹 할 수 없는 상황에 처해 있을지도 모릅니다.

그러나 바로 그 순간이 다시 일어설 수 있는

최적의 타이밍이기도 합니다.

더 이상 뒤로 물러설 곳이 없는 지금이

바로 앞으로 나아가야 할 때입니다.

팔 없는 천사

레나 마리아는 스웨덴 태생의
수영 선수이자 가스펠 가수입니다.
세 살부터 수영을 시작한 그녀는
서울에서 열렸던 장애인 올림픽에서
뛰어난 수영 솜씨를 발휘하기도 했습니다.
그녀는 태어날 때부터 두 팔이 없었고
한 쪽 다리는 다른 한 쪽에 비해
절반 밖에 안 되는 장애를 지녔습니다.
하지만 그녀의 부모는 절망하지 않고
정상인과 똑같이 키웠습니다.
부모는 그녀가 물과 친숙하다는 사실을 알고
어려서부터 수영을 가르쳤습니다.
수영을 통해 선천적으로 약했던 심장이 튼튼해졌고
긴 호흡으로 성악하는데 좋은 신체적 조건을 키웠습니다.

가스펠 합창단에서 활동을 시작한 그녀는
세계를 돌면서 자신의 목소리로
많은 사람들을 위해 희망의 노래를 불렀습니다.
지금은 한 남자의 청혼을 받아
평범하고 아름다운 결혼 생활을 하고 있습니다.

나를 행복으로 이끌어 주는 힘은
이미 내 안에 존재하고 있습니다.
나의 환경이 불행하고 슬프고 괴롭다고 탓하기 보다는
내 안에 숨겨진 재능을 찾기 위해 노력한다면
미래를 향한 미소가 오늘을 웃게 해 줄 것입니다.

피에르 가르뎅의 선택

세계적인 패션 디자이너인 피에르 가르뎅은

중요한 결정을 할 때마다 동전을 던졌다고 합니다.

치마 길이를 길게 할 것인가, 짧게 할 것인가를 놓고

마치 도박을 하듯 동전 하나에 그 결정을 맡긴 것입니다.

어떤 사람들은 그의 도박 같은 선택을 비판하기도 했습니다.

이유는 신중하지 못하다는 것입니다.

그럼에도 불구하고 그가 성공할 수 있었던 것은

한 번 결정한 선택은 최선을 다해 실천했기 때문입니다.

우리는 살면서 수많은 선택의 순간들을 맞이합니다.

그럴 때마다 쉽게 선택하지 못하고 갈등하며 시간을 허비하게 됩니다.

물론 인생에서 선택과 결정은 매우 중요합니다.

그러나 선택을 하는데 오랜 시간을 낭비하다보면

내 삶은 발전하지 못하고 제자리걸음만 하게 됩니다.

고민은 짧게 하고, 선택한 것은 과감하게 실천하십시오.
피와 땀이 모일수록 내 결정이 옳았다는 것을
증명해 보여 줄 것입니다.

결정적 순간

2004년 프랑스의 사진작가 앙리 까르띠에 브레송이 타계하자
당시 프랑스 대통령은 추모 성명을 발표했습니다.
"우리 프랑스는 천재적인 사진작가이며
세계의 존경을 받는 아티스트 중의 한 명을 잃었습니다."
전 국민이 애도할 정도로 그의 작품은 인정을 받았습니다.
찰나의 거장이라고 불렸던 그는
순간의 아름다움을 묘사하는 사진작가였습니다.
그의 유명한 사진집 「결정적 순간」은
전 세계 다양한 사람들의 삶 속에 나타난
짧은 순간들을 사진으로 담았습니다.
그는 사진에 담을 수 있는
최고의 순간을 찾기 위해 평생을 다 바쳤습니다.
하지만 그는 말년에 이런 말을 남겼습니다.
"삶에는 어떤 결정적 순간이 따로 존재하는 아니라

인생의 모든 시간이 결정적 순간이었다."

우리 인생의 모든 순간들은
기억 속에 남아 있기도 하고 때로는 지워지기도 합니다.
그러나 잊혀가는 순간일지라도
내 삶을 만들어 가는데 중요하지 않은 순간은 없습니다.
지금 이 순간을 최고로 여기십시오.
우리가 무심코 흘려보냈던 순간이 많은 시간이 흐른 뒤에
최고의 순간으로 기억될 수 있음을 잊지 마시기 바랍니다.

가려진 세 번째 금메달

맨발의 마라토너 비킬라 아베베는 세 개의 금메달을 획득했습니다.

1960년 로마 올림픽에서 첫 번째 금메달을 얻었으며

4년 뒤 도쿄 올림픽에서 두 번째 금메달을 목에 걸었습니다.

올림픽 최초로 2회 연속 마라톤 재패라는 금자탑을 세운 아베베는

로마 올림픽 당시 맨발로 마라톤을 완주해

맨발의 마라토너라는 별명을 얻기도 했습니다.

그러나 아베베에게는 다른 사람들에게 잘 알려지지 않은

세 번째 금메달이 있습니다.

1969년 에티오피아 국왕에게 하사받은 자가용을 몰다가

교통사고를 당했고, 두 다리를 잃고 말았습니다.

그러나 그는 자신의 처지를 비관하지 않았고

잃어버린 두 다리 대신 두 팔의 근력을 강화시키기 위해 양궁을 배웠습니다.

그 후 노르웨이에서 열린 장애인 올림픽 양궁 종목에서

자신의 세 번째 금메달을 획득했습니다.

남들에게는 잘 알려지지 않은 세 번째 금메달

그러나 마라톤보다 더 힘든 신체적 장애와의 싸움에서 승리한

아베베에게는 가장 소중한 메달이었습니다.

잃어버린 것을 뒤돌아보지 않고

남아있는 것을 바라보며 앞으로 나아갈 때

우리도 최고의 메달을 획득하게 될 것입니다.

고통에도 뜻이 있다

「왜 선한사람에게 나쁜 일이 생기는가?」라는 책을 쓴

헤롤드 쿠쉬너 목사의 이야기입니다.

쿠쉬너 목사는 목회자로서 바르고 성실한 자세로

주변 사람들에게 많은 존경을 받고 있었습니다.

그러던 어느날 그에게 뜻하지 않은 불행이 찾아왔습니다.

그의 첫 아들 아론이 3개월 되었을 때

다른 아이들과 다른 체질임이 발견되었고

'프로제리아' 란 희귀병에 걸렸다는 진단을 받게 되었습니다.

이 병은 빨리 늙어 가는 일종의 조로증입니다.

3개월 밖에 되지 않은 아들이 열 살 이상 살 수 없다는

진단을 받자 쿠쉬너 부부는 참담한 절망감에 빠져들었습니다.

그러나 신기하게도 이러한 아픔이 조금씩 그의 시선을 변화시켰습니다.

500여 교인들의 가정의 삶을 다시 바라보게 만들었고,

그들이 겪고 있는 고통이 눈에 들어오기 시작했습니다.

어느 가정이든지 보이지 않는 아픔을 짊어지고 있었습니다.

그리고 이들 모두가 위로와 사랑이 필요한 사람들임을 깨닫게 되었습니다.

우리에게 힘든 일이 생길 때

우리는 세상을 새로운 시선으로 바라볼 수 있게 됩니다.

겸손해지고, 어려운 이웃을 돌아보고, 함께 위로 받고 싶어집니다.

그렇기 때문에 고난은 의미가 있습니다.

세상에서 가장 소중한 것이 사람이며

함께 더불어 살 때 강해진다는 사실을 배울 수 있기 때문입니다.

어렵고 힘든 내 상황이 더 나아지기를 기다리기 보다는

지금 위로와 사랑이 필요한 이웃이 있다면 먼저 다가가

함께 사랑을 나눌 때 비로소 내 삶이 더욱 풍성히 채워질 것입니다.

최후의 한방

남북전쟁으로 노예제도는 폐지되었으나, 20세기 초반까지
미국은 흑인들에 대한 차별과 분리주의 정책을 유지했습니다.
흑인들은 백인들과 함께 공공시설을 사용할 수 없었고
버스도 함께 탈 수 없었습니다.
무엇보다 스포츠는 백인들의 전유물이었으며
흑인들은 백인들의 연습상대 정도로만 여겨졌습니다.
복싱도 예외는 없었습니다.
1907년 당시 미국의 가장 인기 있는 스포츠는 복싱이었습니다.
물론 챔피언은 모두 백인이었으며 간간히 등장하는 흑인 선수들은
그저 백인들의 스파링 파트너로만 나설 수 있었습니다.
이 당시 흑인 복싱 선수로서 잭 존슨은 훌륭한 기량을 가졌지만
챔피언에게 도전할 기회조차 얻지 못했습니다.
그는 매 경기마다 상대 선수의 눈치를 보며
자신의 기량을 최고로 발휘하지 못하고 조심스레 경기를 해야 했습니다.

그런데 당시 챔피언이었던 토미 번즈는 백인의 우수성을 알리기 위해

흑인 선수와 대결할 것을 요청했고

상대 선수로 만만하게 여겼던 잭 존슨을 지목했습니다.

누가 봐도 번즈의 승리는 당연한 것이었습니다.

그러나 경기가 시작되자마자 존슨은 강한 펀치를 계속 날렸고

번즈는 반격 한 번 제대로 하지 못하고 처참한 KO패를 당했습니다.

챔피언을 차지하기 위해 숨겼던 자신의 재능을 마음껏 펼친 존슨은

백인들의 코를 납작하게 만들면서 세계 최초의 흑인 챔피언으로 등극한 것입니다.

최후의 한 방을 날릴 준비가 되셨나요?

세상의 조롱과 비웃음이 나를 괴롭힐지라도 포기하지 마십시오.

내가 흘린 땀의 노력이 결실이 되어 반드시

최후의 한 방을 날릴 결정적 순간이 찾아올 것입니다.

바로 준비된 자에게 말입니다.

상이용사와 국방장관

2차 세계 대전 당시 미국의 국방장관이었던

뉴튼 베이커의 이야기입니다.

그는 전쟁 중 유럽의 한 야전병원을 방문했습니다.

그곳에서 참혹하게 부상을 당한 미군 병사를 만났습니다.

그 병사는 두 다리와 팔 하나, 그리고 한쪽 눈까지 잃었습니다.

베이커는 안타까운 마음에 그 병사가 계속 잊혀 지지 않았습니다.

얼마 후 다시 그 병동에 들러 병사를 찾았습니다.

그러나 병사는 보이지 않았습니다.

병원 원장은 병사를 간호하던 간호사와 결혼해서

고국으로 돌아갔다고 말해주었습니다.

아쉬움을 뒤로한 채 귀국한 베이커는

몇 년 후, 장관직을 그만 두고

존스홉킨스 대학교 이사장으로 취임했습니다.

그해 박사학위 수여식 때, 베이커는 깜짝 놀랄 일을 만났습니다.

수 년 전, 전쟁에서 심각한 부상을 당했던 그 병사가
휠체어를 끌고 박사학위를 받으러 단상으로 올라온 것입니다.
베이커는 반가움과 놀라움으로 병사의 손을 꼭 잡았고
병사는 그에게 짧은 인사를 건넸습니다.
"장관님, 은퇴하셨다는 이야기를 들었습니다.
아직 보람 있는 일이 많이 있으니 기운 내시기 바랍니다."
자신이 불쌍히 여겼던 젊은이가 오히려 그를 위로해 준 것입니다.

어떠한 절망의 상황도 인간의 강한 의지를 누를 수는 없습니다.
포기하지 않는 순간, 절망은 희망으로 변합니다.
희망은 낙심하고 좌절하는 이들에게
'용기' 라는 이름의 선물을 선사할 것입니다.

2

희망은 당신 안에 있는
가능성을 보는 창입니다.

환자를 살리는 힘

어느 병원에서 있었던 일입니다.

대학생 자원 봉사자가 자신이 도와야 할 환자를

잘못 알고 중환자실에 들어갔습니다.

거기에는 심한 화상을 입고 생사의 기로를 헤매고 있는

한 소년이 온 몸에 붕대를 감고 누워있었습니다.

자원 봉사자는 환자의 기록을 보고

중학교 2학년이라는 것을 알았습니다.

자원 봉사자는 학생에게 중학교 2학년 영어 문법의

동사 변화를 가르치기 시작했고

학생도 며칠 동안 곧잘 따라 했습니다.

그런데 놀라운 일이 일어났습니다.

회복 가능성이 아주 희박하다고 판정을 내렸던

소년의 몸이 기적같이 나아지기 시작한 것입니다.

보름이 지난 후 의사들이 찾아와 고비를 넘긴 학생에게 소감을 물었습니다.

소년은 신기한 듯 바라보는 의사들에게 이렇게 대답했습니다.

"사실 저도 가망이 없다고 생각하고 있었는데 어떤 대학생 형이 들어와서
다음 학기 영어 시간에 배울 동사 변화를 가르쳐 주었어요.
그 형은 제가 나아서 학교에 돌아가면 이것들을 알아둬야 한다고 했고
그때 저는 확신했죠. '아! 의사선생님이 내가 나을 것이라고 했나 보다.
그렇지 않고서야 대학생 형이 다음 학기 배울 영어를 가르쳐 줄 리가 없지.'
그때부터 마음이 기쁘고 희망이 생기기 시작했어요."

당신의 주위에 이렇게 희망을 필요로 하는 사람은 없는지요?
아무리 힘든 일이 닥친다하더라도 희망이 있는 한 가능성은 열려 있습니다.
이제 당신이 희망을 주는 사람이 되어 보십시오.
희망을 주는 것은 생명을 살리는 것과 같은 일입니다.

미래를 맡길 사람

어느 아프리카 부족 추장이 늙고 병이 들어
후계자를 선정하게 되었습니다.
후계자로 지명된 세 명의 청년에게 과제를 냈습니다.
"세 사람은 저기 높은 산의 정상에 가서 가장 좋은 것을 가져 오너라."
이 말을 듣고 세 청년은 쏜살같이 달려 산 정상에 올라갔습니다.
첫 번째 청년은 예쁜 꽃 한 송이를 가져왔습니다.
두 번째 청년은 바위에 돋은 새싹을 뜯어서 가져왔습니다.
그러나 세 번째 청년은 아무것도 가져오지 않았습니다.
그리고는 이렇게 이야기 했습니다.
"죄송합니다. 추장님, 저는 아무것도 가져오지 못했습니다."
그리고 계속 말을 이었습니다.
"그러나 한 가지 새로운 사실을 알았습니다.
산 정상에서 반대편을 바라보니 그곳에는 기름진 평야와
맑게 흐르는 시내, 그리고 울창한 숲이 보였습니다.

추장님! 저는 우리 부족의 미래가 그곳에 있다고 생각됩니다."

추장은 세 번째 청년을 후계자로 지명하였고

청년은 부족을 새로운 터전으로 인도했습니다.

당장 눈앞에 놓인 이익만 쫓는다면 장래의 이익을 잃을 수도 있습니다.

좀더 멀리 바라보고 희망을 가진다면, 더 큰 것을 얻을 수 있습니다.

10년, 20년 뒤의 꿈을 향해 달려가시기 바랍니다.

인내로 꿈을 향해 달려가면 큰 성공을 이룰 수 있을 것입니다.

720만 달러 알래스카

미국의 알래스카는 검은 보석인 석유와 푸른 보석인 울창한 산림과

노란 보석인 황금을 품고 있는

지구 최고의 자원 창고라고 불리는 땅입니다.

1867년 미국은 이 땅을 러시아로부터 720만 달러에 매입했습니다.

한국의 일곱 배나 되는 넓은 땅을

서울 명동의 100평도 안 되는 가격에 사들인 것입니다.

미국이 알래스카를 사들일 때만해도 이 땅은

1년 내내 얼어 있어 사람이 살 수도 없는 불필요한 땅이었습니다.

국회는 매매계약을 성사시킨 윌리엄 스워드 국무장관을 향해

"쓸모없는 얼음 땅을 7백 20만 달러나 주고 사다니

국고를 탕진한 책임을 지라."라고 하며 비난을 퍼부었습니다.

그러나 2차 세계대전 당시 이곳은 중요한 전략요충지로 사용되었으며

1967년에는 엄청난 양의 석유가 발견되면서 미국 국민들을 흥분시켰습니다.

그리고 계속해서 숨겨진 수많은 지하자원이 발견되고 있습니다.

쓸모없는 얼음 땅이 미국의 보물 창고가 된 것입니다.

가치는 시간에 따라 변하기 마련입니다.

휴지조각이 억만장자의 수표가 되기도 하고

값비싼 보석이 돌멩이로 변하기도 합니다.

내 인생의 가치는 어떻게 변할 거라 생각하십니까?

희망은 현재의 가치보다 미래의 가치를 발견하게 도와줍니다.

희망을 가진다면 당신은 수많은 보석과 자원으로

가득 차있다는 사실을 발견하게 될 것입니다.

한 사람이 지닌 영향력

뉴욕타임즈 칼럼니스트 토마스 프리드먼은

그의 저서 「렉서스와 올리브나무」를 통해

'세계는 국가와 국가 간의 갈등 시대를 넘어

국가와 개인의 싸움이 되고 있다.'고 언급했습니다.

조지 윌리암스는 지뢰 사용 금지를 실현시킨 공로로

1997년 노벨 평화상을 수상했습니다.

그는 5대 강대국의 반대를 무릅쓰고

전 세계 천여 개의 인권단체에 이메일을 보내는 방법으로

지뢰 사용 금지 법안을 얻어냈습니다.

이메일이라는 무기로 한 사람이 5대 강대국을 이긴 것입니다.

빌 게이츠는 미국 국민의 한 사람일 뿐이지만,

그가 만들어낸 소프트웨어는 이미 전 세계를 장악하고 있습니다.

그러나 반면 부정적인 영향력도 있습니다.

미국은 1990년 말, 테러 지원 혐의를 받고 있는 오사마 빈 라덴에게

한 발에 100만 달러나 하는 크루즈 미사일을 75발이나 사용했습니다.

얼마 전, 한 산업 스파이가 한국 조선사업의 중요 정보를

빼돌리다 적발되었는데, 그 가치가 무려 5조원에 이른다고 합니다.

좋은 쪽이든, 나쁜 쪽이든

이제 한 사람이 전 세계에 미치는 영향력은 점차 커져가고 있습니다.

우리 주변에 있는 평범한 사람의 노력이나 혹은 범죄행위로

세상을 좌지우지 할 수 있는 시대입니다.

인터넷이나 통신, 그리고 디지털 산업의 발달이

이처럼 개인의 힘에 큰 영향력을 주고 있습니다.

내가 세상을 움직일 수 있다는 생각은 이제 꿈이 아니라 현실입니다.

긍정적이고 아름다운 꿈을 키워 나가십시오.

언젠가 많은 사람들이 당신의 꿈으로 인해

감동할 때가 올 수 있을 것입니다.

잠재능력

서커스 공연에 자주 등장하는 코끼리는

작은 나무 기둥에 묶어놓아도 도망가지 않는다고 합니다.

코끼리가 어렸을 때 말뚝에 묶여져

힘을 주어도 도망가지 못하던 기억 때문에

커서도 말뚝을 뽑아보려는 힘조차 주지 않는다는 것입니다.

자신을 한계 짓는 기억 때문에

크게 성장한 자신의 힘을 사용하지 못하는 것입니다.

사람들도 평균적으로 죽을 때까지

자신의 능력의 18%만을 사용한다고 합니다.

이렇듯 엄청난 잠재능력을 사용하지 못하는 이유는 무엇일까요?

그것은 실패에 대한 두려움과 그로 인한 자신감의 상실 때문입니다.

우리도 코끼리처럼 실패가 계속될수록 두려움의 기억이 쌓이게 되면서

자연스럽게 능력을 발휘하기 위한 도전을 포기하게 되는 것입니다.

성공은 자신의 능력을 믿고

그 능력을 이끌어내는 과정에서 이뤄집니다.

두렵지만, 힘들어 보이지만, 자신감을 갖기 바랍니다.

아직까지 발견되지 못한 엄청난 능력이

내 안에 숨어 있습니다.

80%의 능력을 찾아보십시오.

놀라운 결과를 얻게 될 것입니다.

공무제의 생각

중국 춘추전국시대에 '공무제'라고 하는 사람이 있었습니다.

그가 고을 원님으로 있을 때, 제나라가 쳐들어왔습니다.

공무제는 모든 백성들을 성안으로 불러들였습니다.

그런데 마침 보리를 추수할 때인지라

성 밖 들판에는 보리가 한창 익어가고 있었습니다.

신하들은 공무제에게 이렇게 제안했습니다.

"저 보리를 제나라 군사들에게 거저 줄 수는 없습니다.

그러나 백성들에게 자기 마음대로 거둬가게 한다면

적국에게 빼앗기지 않을 것입니다."

그러나 공무제는 이를 거절하였고, 제나라 군사들은

누렇게 익은 보리를 모두 거둬 갔습니다.

전쟁이 끝나고 왕은 공무제를 불러 이 사건을 심문했습니다.

그때 공무제는 이렇게 대답했습니다.

"제가 한동안 적을 이롭게 한 것은 사실입니다.

그러나 상황이 어렵다고 백성들로 하여금 마음대로

거둬가 먹으라고 한다면, 우리 백성들은 땀 흘려
일할 생각은 하지 않고, 공짜로 얻으려는 생각만
하게 될 것입니다. 백성이 게을러지면 나라는 전쟁에
패하는 것 보다 더 빨리 망하게 될 것입니다."
이에 왕은 공무제의 생각을 가상히 여겨 큰 상을 내렸습니다.

요행이나 노력 없이 버는 이익은
뜻하지 않았던 만큼 더 큰 기쁨을 주곤 합니다.
그러나 이런 즐거움은 미량의 독약 같아서 쌓이고 쌓이다 보면
내 땀을 마르게 하고, 성실을 갉아 먹으며, 더 큰 욕심을 부추깁니다.
이런 마음들이 모이면 결국 우리가 지탱하는 사회까지
무너뜨리는 알고 보면 무서운 독약입니다.
우리 사회가 재물의 많고 적음 보다
땀의 가치를 더욱 소중하게 여겼으면 좋겠습니다.

보석도둑의 역설

아더베리라는 유명한 보석도둑이 있었습니다.
그는 마음만 먹으면 어떤 보석이라도 훔칠 수 있는
탁월한 능력의 소유자였습니다.
그러나 어느 날, 보석상을 털다가 세 발의 총을 맞고
경찰에게 붙잡히고 말았습니다.
법정은 그의 유명세만큼 가혹한 벌을 내렸고,
형무소에서 18년 동안 허송세월을 보냈습니다.
형기를 마치고 고향으로 돌아온 그는
새로운 마음가짐으로 새 삶을 시작했습니다.
자신의 죄를 뉘우치고 착실하게 일하면서 이웃을 위해 봉사하는 등
고향사람들의 존경을 받는 모범시민이 되었습니다.
한 신문기자가 그에게 물었습니다.
"당신은 뉴욕의 유명한 보석강도였을 때
어떤 사람의 물건을 가장 많이 훔쳤습니까?"
한참을 생각하던 그는 이렇게 대답했습니다.

"가장 많이 도난당한 사람은 바로 나 자신이었습니다.
나는 내 능력, 내 노력, 그리고 내게 주어진
소중한 시간을 내 스스로 빼앗아 버렸습니다."

인간에게 시간만큼 평등한 기회를 제공하는 것은 없습니다.
부자라고 더 많은 시간을 보내는 것도 아니며,
가난하다고 시간이 빨리 가는 것도 아닙니다.
누구도 나의 시간을 탐할 수 없으며
나 또한 다른 사람의 시간을 빌려올 수 없습니다.
그러나 스스로 자신의 시간을 빼앗을 수는 있습니다.
소중한 시간을 허무하게 낭비하는 것은
결국 스스로 내 재산을 빼앗는 것과 마찬가지입니다.
시간을 아끼고 소중히 다루시기 바랍니다.
인생에 있어 최후의 승리자는 바로 자신의 시간을 지킨 사람입니다.

세 가지 보석

미국의 뉴 멕시코 주에 열 두 살 된 흑인 소년이
어머니의 임종을 앞두고 흐느끼고 있었습니다.
어머니는 가쁜 숨을 몰아쉬며 아들의 손을 잡았습니다.
그리고 마지막 유언을 남겼습니다.
"아들아, 인생을 살아가는 데 중요한 세 가지 보석이 있단다.
그것은 믿음과 소망과 사랑이란다."
어머니는 이 말을 남기고 세상을 떠났습니다.
소년은 이후 할머니 품에서 자랐습니다.
극심한 가난과 인종 차별도 소년을 힘들게 만들었지만
고아라는 사실은 더욱 그를 외롭게 만들었습니다.
그럴 때마다 소년은 어머니의 유언을 기억했습니다.
'믿음, 소망, 사랑'
그리고 그 가르침대로 살아갔습니다.
'믿음'과 '소망'은 그를 고등교육을 마치고

UN중재 담당관의 자리에 올라서게 만들었으며
'사랑' 의 가르침대로 세계 각국에서 평화 협상을 이끌어 냈습니다.
그리고 1950년, 이스라엘과 아랍 진영 간의 휴전협정을
성공시킨 공로로, 흑인 최초의 노벨 평화상 수상자가 되었습니다.
미국 정치학자 렐프 번치 박사의 인생은
어머니가 가르쳐 주신 세 가지 보석으로 밝게 빛난 것입니다.

인생을 살면서 가장 중요한 가치는 무엇인가요?
눈에 보이는 현실적인 것을 제일 중요한 가치로 여기기 보다
눈에 보이지 않는 가치를 가장 중요하게 여기시기 바랍니다.
미래를 향한 소망, 사람에 대한 신뢰, 이웃을 향한 사랑을
최고의 가치로 여기시기 바랍니다.
세 가지 가치가 당신의 인생을 보석처럼 빛나게 할 것입니다.

열 가지 각오

한 가난한 청년이 부유한 농장의 일꾼으로 일하게 되었습니다.
농장에서 생활하던 중, 그는 주인의 딸과 사랑에 빠졌습니다.
이를 알게 된 주인은 그를 내쫓아 버렸습니다.
농장에서 쫓겨난 청년은 이를 악물고 열 가지의 각오를 새겼습니다.

첫 번째, 게으르지 말고 수입의 범위에서 생활한다.

두 번째, 약속은 적게 하고 진실되게 말한다.

세 번째, 좋은 친구를 사귀되 끝까지 사귄다.

네 번째, 남을 나쁘게 말하지 않는다.

다섯 번째, 요행을 바라는 것은 게임이라도 피한다.

여섯 번째, 맑은 정신을 흐리게 하는 음료는 피한다.

일곱 번째, 비밀은 나의 것이나 남의 것이나 지킨다.

여덟 번째, 돈은 마지막 순간까지 빌리지 않는다.

아홉 번째, 행동엔 책임을 지고 남의 탓으로 돌리지 않는다.

열 번째, 잠들기 전에 기도하며 반성의 시간을 갖는다.

이 청년은 훗날 미국의 제20대 대통령이 된
제임스 아브라함 가필드입니다.

실패를 경험할 때 당신은 어떤 생각에 사로잡히나요?
자포자기의 심정으로 세상을 외면할 수 있습니다.
분노를 불태우며 복수를 다짐하기도 합니다.
굽신거리며 모든 것을 타협하는 것도 방법일 수 있습니다.
그러나 다시 한 번 올바른 신념을 세우고
나를 새롭게 하는 사람은 그리 많지 않습니다.
이것은 세상을 바꾸는 훌륭한 위인들이
그리 많지 않은 이유이기도 합니다.
지금 내가 벼랑 끝에 서 있다고 느껴지십니까?
다시 한 번 인생의 원칙을 정한다면
지금이 인생을 변화시킬 수 있는 최고의 기회입니다.

하버드대학의 신념

미국 하버드 대학 도서관에는 30개의 명문이 붙어 있습니다.
그 중 기억에 남는 몇 가지만 소개해 보겠습니다.

지금 잠을 자면 꿈을 꾸지만 지금 공부하면 꿈을 이룬다.

Sleep now, you will be dreaming, study now, you will be achieving your dream.

내가 헛되이 보낸 오늘은 어제 죽은 이가 갈망하던 내일이다.

Today that you wasted is the tomorrow that a dying person wished to live.

공부는 시간이 부족한 것이 아니라 노력이 부족한 것이다.

In study, its not the lack of time, but lack of effort.

피할 수 없는 고통은 즐겨라.

You might as well enjoy the pain that you can not avoid.

오늘 보낸 하루는 내일 다시 돌아오지 않는다.

Today never returns again tomorrow.

가장 위대한 일은 남들이 자고 있을 때 이루어진다.

Most great achievements happen while others are sleeping.

불가능이란 노력하지 않는 자의 변명이다.

Impossibility is the excuse made by the untried.

건강을 잃으면 모든 것을 잃는다.

To lose your health is to lose all of yourself.

강한 신념은 자신의 능력을 뛰어넘어 기적을 만들어 냅니다.

새 역사를 주도한 사람들은 자신의 신념을 위해

시간과 싸워 승리한 집념의 사람들입니다.

우리가 처한 현실이 힘들지라도 신념이 꺾이지 않는다면

당신에게는 꿈을 이룰 수 있는 가능성이 있다는 것을 잊지 마십시오.

시한부 인생의 꿈

영국 소아과의 방사선 기사로 일하던

제인 톰린슨은 1990년 유방암 진단을 받았습니다.

치료를 통해 건강을 되찾는 듯 했지만

10년 뒤 암이 재발하였고 폐와 뼈로 빠르게 전이되었습니다.

당시 그녀는 6개월의 시한부 판정을 받았습니다.

그러나 놀랍게도 그녀는 이후 7년을 더 살았습니다.

그 7년 동안 그녀는 항암치료를 받으면서

암 치료를 위한 기금 운동을 벌였습니다.

철인 3종 경기에 출전하여 완주하기도 했으며

2006년에는 자전거로 샌프란시스코에서

뉴욕까지 6,780km를 달렸습니다.

그녀가 죽기 전까지 암환자들을 위해 모은 기금은

무려 33억 원에 이르렀습니다.

영국의 여왕 엘리자베스 2세는

그녀의 용기와 선행을 높이 평가하고
대영국 상급 훈사 훈장을 수여했습니다.

우리는 모두 언젠가 삶을 내려놓아야 하는 시한부 인생입니다.
그때가 언제일지 알지 못하기에
죽음이 내게서 멀리 있다고 여길 뿐입니다.
내 삶이 6개월 밖에 남지 않았다면
남은 인생을 어떻게 살아갈 것입니까?
지금껏 나를 위해 살았던 삶을 내려놓고
이웃을 위해 사랑을 나누는 삶으로 바꿔보는 것은 어떨는지요?
만일 당신이 사랑으로 오랫동안 기억되는 삶을 살 수 있다면,
당신은 삶의 지혜를 깨달은 현인입니다.

스파르타와 로마

시오노 나나미가 쓴 「로마인 이야기」에 나오는 내용입니다.

스파르타 사람들은 전쟁에서 패한 장군에게

패배의 책임을 물어 사형에 처했습니다.

한 번 실패했던 스파르타의 장군들은 조국의 명예를

더럽혔다는 이유로 처형을 당했습니다.

재기의 기회가 주어지지 않던 스파르타에는

전쟁이 거듭될수록 많은 장군들이 죽었습니다.

결국 스파르타에는 더 이상 나라를

이끌어 갈 지도자가 남지 않았습니다.

일당백의 기개를 자랑하던 스파르타 사람들이었지만

그 역사는 오래가지 못했습니다.

반면에 로마는 달랐습니다.

로마는 전쟁에 패한 장수에게 형벌을 내리지 않았습니다.

오히려 패배라는 수치심으로 이미 고통 받고 있기 때문에 더 이상 고통을 줄 필요가 없다고 생각했습니다.

다시 한 번 기회를 주면 명예 회복의 기회로 삼기 위해

더 힘을 낼 거라고 생각했으며

패배의 경험이 전투에서 큰 도움이 될 거라고 여겼습니다.

그 결과 로마는 강인한 민족은 아니었지만

가장 오랜 역사를 기록한 대 제국으로 남았습니다.

우리 사회는 과도한 경쟁과 사회 전반에 흐르는 성공 제일주의로 인해

실패한 사람들에게 너무나 가혹한 평가를 내리는 경우가 많습니다.

그로 인해 많은 사람들이 더 이상 꿈을 꾸지 않고 스스로를 가두고

실패에 대한 자책감으로 극단적인 경우 삶을 포기하기도 합니다.

아무리 멋진 날개가 있어도 단 한 번에 비상하는 새는 없습니다.

실패한 이에게 당신의 따뜻한 긍정의 말 한마디가

다시 일어설 수 있는 힘을 줄 것입니다.

수고한 땀의 가치

미국의 신경 전문의 그레고리 번즈는 특이한 실험을 했습니다.

자동으로 돈이 나오는 장치와 사람이 손으로 작동을 시켜야

돈이 나오는 장치로 인간의 뇌 상태 변화를 체크하는 실험이었습니다.

그 결과 자동으로 돈이 지급되는 장치보다

작동을 시켜야 돈이 나오는 장치를 이용한 사람들에게서

도파민이 다량으로 분비되었습니다.

도파민은 사람들에게 만족과 즐거움을

느끼게 하는 화학물질로 알려져 있습니다.

번즈 박사는 이 실험을 통해

노동에 대한 결과로 얻어지는 이익이

더 큰 만족과 기쁨을 준다는 것을 보여준다고 말합니다.

일확천금이나 도박을 통해 이익을 얻더라도

기분은 좋아질 수 있습니다.

그러나 이러한 즐거움은 오래가지 못하고

오히려 불안과 갈등을 일으킵니다.

무엇보다 우리에게 땀의 가치를 잃어버리게 하는 것이

가장 큰 문제점입니다.

땀 흘려 얻는 결과는 풍성한 즐거움을 선물합니다.

그리고 내 자신을 자랑스럽게 만들어 줍니다.

과연 이것보다 더 큰 이익이 있을까요?

오늘 흘리는 땀으로 내일의 행복을 거두는

당신의 삶을 응원합니다.

연령 제한이 없는 도전

인터넷 게시판에 올랐던 어느 네티즌의 재미있는 사연입니다.

집으로 오는 지하철 안에서 검은 뿔테를 낀 어떤 할아버지께서
노약자석에 앉으시더니 가방에서 노트북을 꺼내셨습니다.
그리고는 엑셀(excel)로 무언가 작업을 하시는 겁니다.
다른 역에 도착하자 또 다른 할아버지께서 타시고
노트북에 관심을 갖으시면서 대화를 나누십니다.
첫 번째 할아버지께서는 IBM노트북 라인(가장 작은 X부터
고급형인 T라인까지 모두 알고 계셨습니다)을
줄줄이 외시면서 다른 할아버지께 설명하셨습니다.
다른 할아버지께선 주머니에서 USB메모리를 꺼내시더니
즐겨찾기 좀 복사해 달라고 하시더라구요.
살짝 훔쳐 본 할아버지의 즐겨찾기엔 각종 포털사이트뿐만 아니라
젊은이들이 자주 찾는 음악, 사진 사이트 등등….
제가 다니는 곳과 거의 흡사했습니다.

대화를 엿듣기로는 노트북을 지니신 분의 연세가 75세였고,

두 번째 할아버지는 68세였습니다. 요즘 어르신들 굉장합니다.

- I.D : epic

도전을 하기에 너무 나이가 들었다고 생각되십니까?

반대로 아직 너무 어리다고 생각되십니까?

열정과 도전은 우리 삶을 가치를 높여주는 최고의 보석과도 같습니다.

감사한 사실은 열정과 도전에 연령 제한이 없습니다.

그래서 우리 모두는 죽는 순간까지 모두 뜨겁게 살다 갈 수 있습니다.

도전하십시오. 나이는 숫자에 불과한 것입니다.

수우미양가

우리 사회의 청소년들은 극심한 경쟁에 내몰려 있습니다.
1등을 위해 밤잠을 설쳐가며 공부하고
학원은 밤늦도록 불이 꺼지지 않습니다.
1등을 하면 안도의 숨을 쉬지만 성적이 조금이라도 떨어지게 되면
이루 말할 수 없는 낙심으로 힘들어 합니다.
'내가 무엇을 배우는가?' 보다
'내가 남들보다 잘 하는가?' 를 더 중요하게 여기는 시대입니다.
성적은 청소년들에게 가장 큰 갈등의 원인입니다.
성적 때문에 가정의 화목도 무너지고, 친구와 멀어지며
패배를 참지 못하고 삶을 포기하는 친구들도 있습니다.
이처럼 성적은 청소년들에게 가장 아프고 힘들고 어려운 고민거리입니다.

과거 80년대까지 학생들의 성적을 나누는 기준은 '수우미양가' 였습니다.
그러나 성적을 나누는 기준으로 사용하는 '수우미양가' 에는
우리가 생각지 못한 아름다운 의미가 담겨져 있습니다.

'수(秀)'는 빼어나게 잘했다는 뜻입니다.

'우(優)'는 넉넉하다는 뜻입니다.

'미(美)'는 아름답다, 좋다는 뜻입니다.

'양(良)'은 어질다, 양호하다는 뜻입니다.

마지막으로 맨 끝인 '가(可)' 역시 옳다, 가능하다는 뜻으로

용기와 희망을 주는 격려의 말입니다.

이렇듯 학업에 정진하는 학생들은

모두 격려와 칭찬을 받을 자격이 있습니다.

잘하든 못하든 상관없이 말입니다.

우리 사회가 1등에 집착하기보다 '가능하다'에 집중할 때에

더욱 많은 인재들이 무엇이든 가능하다는 확신을 가지고

미래를 만들어 갈 수 있지 않을까요?

그 누구도 포기하지 않도록 격려와 사랑을 아끼지 않는

그런 교육문화가 뿌리내렸으면 좋겠습니다.

명작이 나오는 시간

작가 제임스 조이스는 소설 「율리시스」에 나오는
단 하루의 장면을 그려내기 위해 8년의 시간을 보내야 했습니다.
그리고 「율리시스」는 2001년 미국의 유명한 출판사에 의해
20세기 가장 위대한 소설 100선에서 1위를 차지했습니다.
마가렛 미첼이 쓴 「바람과 함께 사라지다」는
소설뿐 아니라 영화로도 우리에게 잘 알려져 있습니다.
하지만 작가가 이 소설을 쓰기 위해 자료를 수집한 시간에만
20년의 세월이 걸렸다는 사실은 잘 알려져 있지 않습니다.
명작은 하루 아침에 만들어지지 않습니다.
오랜 시간을 필요로 합니다.
그리고 작가의 고뇌와 연구가 그 시간 속에 함께 있습니다.

최선을 다하지만 삶은 여전히 힘든가요?

그럴 때일수록 내일이 아닌 내년을

내년이 아닌 10년 후를 바라보고 목표를 세우십시오.

내 삶을 명작으로 만드는 길은

포기하지 않고 묵묵히 걸어가는 것입니다.

마이클 조던의 연습

미국 프로농구의 황제라고 불리는 마이클 조던의 이야기입니다.

1993년 피닉스와의 경기가 있던 날

방송국 촬영 팀은 경기 중계를 위해

시합시간보다 대 여섯 시간 일찍 경기장을 찾았습니다.

촬영 팀의 일원이었던 방송인 닉 핀토는

경기장에서 자유투를 던지고 있는 마이클 조던을 발견하였습니다.

그는 주변을 순찰하던 경비원에게 살짝 다다가 물었습니다.

"조던이 언제부터 여기에 있었나요?"

경비원은 혀를 차며 이렇게 대답했습니다.

"말도 마세요. 아침 일찍부터 나와서 자유투 연습만 하고 있어요."

우리가 농구의 천재, 타고난 재능의 소유자라 불렀던 마이클 조던은

농구기술 중에서도 가장 단순한 자유투 연습에

많은 시간을 투자하고 있었던 것입니다.

최고가 되기 위한 길에 특별한 지름길이란 없습니다.

기초부터 한걸음씩 천천히 그리고 오랫동안 걸어가야 합니다.

이제는 능숙해 졌다고 기초를 포기하고 자만하게 된다면

그동안 갈고 닦은 모든 재능을 잃어버릴 수도 있습니다.

최고가 되기 위한 길을 가고 계신가요?

기초가 쌓일 때 재능이 되고

재능과 땀이 만나 최고가 된다는 사실을 기억하시기 바랍니다.

고통이 주는 유익

한 남자가 배를 타고 바다를 건너던 중
바다 한가운데에서 표류하게 되었습니다.
한참을 바다 위에서 헤매던 이 사람은
하나님께 기도하기 시작했습니다.
"제발 저 좀 살려주십시오."
그러자 갑자기 강한 바람이 불기 시작했습니다.
이윽고 장대같은 비가 쏟아졌습니다.
남자는 화가 났습니다.
"안 그래도 곧 죽을 것 같은데 더 빨리 죽이려는 건가요?"
그러자 이내 비바람이 잦아들고 다시 태양이 내리 쬐었습니다.
목이 말랐던 남자는 보트에 가득 차 있던 빗물로 목을 축였습니다.
기운을 차린 남자는 주위를 둘러보고는 깜짝 놀랐습니다.
육지가 눈앞에 펼쳐져 있는 것입니다.
강한 비바람으로 움직인 보트가 육지 가까이에 다다른 것입니다.

남자는 자신을 죽일 것 같았던 비바람으로 생명을 건질 수 있었습니다.

나에게 어려움이 닥칠 때
좋은 일이 생기기만을 바라고 있지는 않은지요?
눈앞에 고통이 닥칠지라도 두려워하지 마십시오.
때로는 나를 힘들게 한다고 여겼던 그 고통이
진정한 도움이 되어줄 것입니다.

두려움

샌프란시스코의 명소 '금문교' 는

길이가 3km에 달하는 대형 현수교입니다.

1937년에 완공된 이 다리는 양쪽에 큰 기둥이 있고

그 기둥에 다리전체를 매달아 놓았습니다.

다리가 워낙 크고 높기 때문에

다리 위에서 내려다보면 현기증이 날 정도입니다.

건설 도중 현기증 때문에 5명의 인부들이

바다로 떨어져 익사하고 말았습니다.

시 당국은 인부들의 희생을 막기 위해 궁리를 하던 중

철망을 만들어 다리 밑에 깔아두기로 하였습니다.

이후에는 인부들이 추락한 사고가 한 건도 없었습니다.

떨어져도 죽지 않는다는 안도감 속에서 일한 인부들에게

더 이상 현기증은 발생하지 않은 것입니다.

두려움은 내가 가진 능력을 제대로 발휘하지 못하게 합니다.

결국 우리 삶 속의 수많은 실패들은 두려움에서 비롯되는 경우가 많습니다.

내 마음속에 두려움을 극복할 수 있는 안전 철망을 만들면 어떨까요?

자신감으로 철망을 만드셔도 좋습니다.

가족과 사랑하는 사람으로 만들어도 좋습니다.

때로는 기도와 묵상으로 마음을 다스려도 좋습니다.

내 마음속에 자리 잡은 두려움을 떨쳐낼 때

성공으로 가는 길은 더욱 가까이 다가올 것입니다.

카네기의 유산

스코틀랜드 태생인 앤드류 카네기는 열세 살이 되던 해에

빈곤을 벗어나고자 부모님을 따라 미국으로 이민을 왔습니다.

어려운 집안 형편을 돕기 위해 카네기는

피츠버그의 전신 전화국에서 전보 배달원으로 일을 하게 되었습니다.

일을 철저히 하는 성격의 카네기는 근무시간이 끝나면

자신이 배달하는 구역의 중요한 사람들의 이름과 집 주소를 외워두었습니다.

간혹 이름이 잘 알려진 분들의 우편물이

주소 없이 오는 경우를 대비하려는 의도였습니다.

하루는 일을 마치고 임금을 타기 위해 줄을 서서 기다리고 있었습니다.

갑자기 매니저가 임금을 안 주고 자기를 줄 옆으로 밀어냈습니다.

다른 사람들이 임금을 받는 동안

카네기는 의아한 표정으로 기다리고 있었습니다.

내가 무슨 실수를 한 게 아닌가 하는 불안한 마음으로

매니저의 호출을 기다리고 있었습니다.

다른 사람들의 봉급을 다 나눠주고 난 후 매니저가 카네기를 불렀습니다.

"앤드류! 너는 다른 사람들보다 전보를 정확하고 실수 없이 배달해서

나에게 큰 도움이 되었단다.

오늘부터 너의 월급을 2달러 25센트 올려주겠다."

그는 훗날 세계적인 대 부호가 된 뒤에 이렇게 고백했습니다.

"내 평생에 그때처럼 감격스럽고 기뻤던 적은 없었습니다."

작은 일에 세심한 관심과 열정이 카네기를 성공의 길에 서게 만들었습니다.

우리는 미래를 준비하기 위해 오늘도 바쁜 하루를 보내고 있습니다.

때론 앞이 보이지 않아 막막한 느낌이 들기도 합니다.

그럴 때마다 내 앞에 주어진 가장 작은 일부터 시작하십시오.

그것이 당신을 성공으로 이끄는 중요한 포인트가 될 것입니다.

죽기 전 마지막 5분

러시아의 대 문호 도스토예프스키는 28세 때

국가 내란 음모사건에 연류되 사형선고를 받았습니다.

그는 사형에 앞서 마지막 5분을 보낼 준비를 했습니다.

2분은 친구들을 만나고, 2분은 살아온 28년을 돌아보고,

1분은 찬란한 세상을 아름답게 느껴보겠다고 다짐했습니다.

사형이 집행되어 계획대로 2분을 보냈습니다.

이제 3분이 남았습니다. 지난 시간을 되돌아보는데

아름답게 느껴야 할 인생이 모두 후회로 가득 찼습니다.

아직 1분이 남았는데 사형 집행관이

총에 탄환을 장착하는 소리가 들려 왔습니다.

갑자기 두려운 마음이 엄습했습니다.

그리고 살고 싶은 간절한 마음으로 몸을 떨었습니다.

그 순간 한 병사가 흰 수건을 흔들면서 사형장으로 뛰쳐 들어왔습니다.

도스토예프스키에게 사형대신

시베리아로 유배를 시키라는 특사가 내려진 것입니다.
사형장에서 내려온 그는 자신에게 주어진 새 삶에 감사하며
최선을 다해 살기를 결심했습니다.
이후 저술활동에 매진한 그는 「죄와 벌」, 「카라마조프 후예들」과 같은
명저를 남기며 후회 없는 인생을 살다 갔습니다.

우리에게 남아있는 시간은 얼마입니까?
젊다고 여유 있다고 오늘 할 일을 내일로 미루지는 않는지요?
인생을 마감하는 순서는 정해져 있지 않습니다.
나에게 주어진 1분 1초에 최선을 다하시기 바랍니다.
그러면 후회없는 인생을 살 수 있게 될 것입니다.

의지의 힘

영국의 정신과 의사인 하드필드는 재미있는 실험 결과를 발표했습니다.
그의 실험은 사람의 의지가 육체적 힘에
얼마나 영향을 주는 가에 대한 것이었습니다.
실험 대상인 3명의 남자들의 평균 악력을 측정해 보니
보통 상태에서의 평균 악력은 101파운드였습니다.
두 번째로 그들에게 '나는 약하다.' 라는 생각을 인식시킨 후
다시 측정해 보았더니 겨우 29파운드의 악력 밖에 나오지 않았습니다.
마지막으로 실험대상자들에게 '나는 강하다' 라는 생각을 인식을 시킨 후
그들의 악력을 재보았더니 150파운드까지 나타냈다고 합니다.

내가 가진 힘의 절반 이상은 내 마음가짐에 달려 있습니다.
내가 할 수 있다고 믿는 그 순간부터
내가 성공할 수 있는 확률은 두 배 이상 높아질 것입니다.

'나는 할 수 있다! 나는 할 수 있다!'
지금 이 시간부터 마음속에 새기십시오.

한 번에 한 사람

노벨 평화상을 수상한 테레사 수녀는 이런 시를 남겼습니다.

한 번에 한 사람

나는 결코 대중을 구하려고 하지 않는다.
나는 다만 한 사람을 바라볼 뿐이다.
나는 한 번에 단 한 사람만을 사랑할 수 있다.
만일 내가 그 한 사람을 붙잡지 않았다면
나는 4만 2천명을 붙잡지 못했을 것이다.

그녀가 사랑한 사람은 세상으로부터 버려진
병자, 거지, 소외계층들이었습니다.
그녀의 삶은 세상이 추구하는 좋은 것들을 모두 비켜갔습니다.
오로지 세상에서 소외받는 사람들과 나누는 것만을 생각했습니다.

테레사는 사람의 가치란 생명 그 자체라는 것을 알았기 때문입니다.

현대 문명과 모든 문화 콘텐츠는 사람 자체의 존귀함보다

생산과 소비계층으로서 가치를 더 중요하게 여깁니다.

성경에는 한 사람이 천하보다 귀한 우주적 존재라고 말합니다.

사람은 그 자체로 존귀한 존재입니다.

그래서 한 사람을 살리는 일이 세상을 살리는 것과 마찬가지인 것입니다.

꽃이 필요한 곳

어느 공동묘지 관리인에게 죽은 자기 아들 무덤에 꽃을
꽂아달라며 매주 5달러 우편환과 편지가 배달되었습니다.
관리인은 부탁대로 매주 꽃 한 송이를 사다가 무덤 앞에 꽂아주었습니다.
그러던 어느 날 자동차 한 대가 공동묘지 관리소 앞에 도착했습니다.
운전사가 차에 타고 있는 부인이 몸이 불편하여
얼마 살지 못한다는 말과 함께 죽기 전에 아들의 묘 앞에
직접 꽃을 꽂아주기 위해 찾아왔다고 이야기를 했습니다.
그리고 차에서 내려 아들의 묘 앞으로 걸어갔습니다.
관리인은 꽃을 놓아두고 돌아오는 부인에게 이렇게 말했습니다.
"이곳에서 부인의 꽃향기를 맡을 사람은 아무도 없습니다.
그러나 제가 봉사하는 병원에는 꽃을 좋아하는 환자들이 너무도 많답니다.
환자들을 위해 꽃을 배달해 준다면
그들은 부인의 친절에 미소로 답해 줄 것입니다."

그 후, 몇 달이 지나서 그 부인은 건강한 모습으로
묘지 관리인을 찾아왔습니다.
요즘 병원마다 환자들을 위해 꽃을 배달하느라고 많이 바빴고
그로 인해 건강도 되찾았다고 말했습니다.

돌아올 수 없는 과거에서 벗어나지 못한다면
내 인생의 미래도 과거에 사로잡혀 앞으로 나아가지 못합니다.
아픔은 마음 한 켠에 잠시 내려두세요.
그리고 함께 위로가 될 수 있는 사람들과
희망을 이야기 하다보면 아픔은 저절로 치유될 것입니다.

행복의 조건

철학자 플라톤은 행복하기 위한 조건을 다음과 같이 이야기했습니다.

첫째, 먹고 입고 살기에 조금은 부족해 보이는 재산

둘째, 모든 사람이 칭찬하기에는 약간 부족한 외모

셋째, 자신이 생각하는 것의 반 밖에 인정받지 못하는 명예

넷째, 남과 겨루어 한사람은 이겨도 두 사람에게는 질 정도의 체력

다섯째, 연설했을 때 듣는 사람의 반 정도만 박수를 치는 말솜씨

이 다섯 가지가 플라톤이 말한 행복의 조건입니다.

조금 부족하게 사는 것은 자신을 돌아볼 줄 아는 지혜와

이웃과 더불어 살아가는 마음의 여유를 갖게 해 줍니다.

그러나 현대인이 추구하는 행복의 조건과는 거리가 멉니다.

더 많이, 더 아름답게, 더 강하게, 최고가 되는 것

이것이 현대인들이 추구하는 행복의 기준입니다.

행복은 축적과 성취에서 나오는 것이 아닙니다.

자신에게 주어진 현실을 겸허히 받아들이고 만족하는데서 얻어집니다.

당신은 지금 자신의 모습에 만족하고 계신지요?

혹은 부족한 자신을 부끄러워하고 있지는 않는지요?

행복은 이미 당신의 마음 속에 숨겨져 있습니다.

세상에서 가장 행복한 사람

영국의 일간지 런던 타임즈가 '가장 행복한 사람은 누구일까?'
라는 설문 조사를 실시했습니다.

많은 사람들이 조사에 참여했고 다양한 의견들이 나왔습니다.

조사를 마치고 이들 중에 가장 많은 지지와

공감을 받은 글들이 순위대로 발표 되었습니다.

발표된 순위는 재미있고 놀랍기까지 했습니다.

가장 행복한 사람의 순위

4위, 어려운 수술을 성공하고 막 생명을 구한 의사

3위, 세밀한 공예품을 다 만들고 나서 휘파람을 부는 목공

2위, 아기의 목욕을 다 시키고 난 어머니

1위, 모래성을 막 완성한 아이

상위권에는 황제나 귀족은 언급도 없었으며

부자나 유명 연예인에 대한 글도 없었습니다.

우리가 알던 흔한 행복은 찾기 어려웠습니다.

그러나 설문 조사가 이상하다고 반발하는 사람은 없었습니다.

많은 사람들이 결과를 재밌어 하면서도 공감했습니다.

당신이 인생에서 행복하다고 느꼈던 순간을 떠올려 보십시오.

아마도 저 순위와 비슷하게 느꼈던 순간들이 떠오를 것입니다.

기억에서 지워지지 않는 행복은 가까운 곳에서 발견될 수 있습니다.

오늘 얻은 작은 행복을 떠올려 보십시오.

그리고 감사해 보십시오.

당신의 인생에는 생각보다

많은 행복이 있었다는 사실을 알게 될 것입니다.

쇼팽의 장송 행진곡

쇼팽의 장송행진곡에 얽힌 재미있는 일화가 있습니다.

하루는 쇼팽의 친구들이 그를 위해 파티를 열었습니다.

친구들은 쇼팽을 재밌게 해주려고 불을 꺼 놓은 채

그를 기다렸고 쇼팽이 파티장소에 들어오자 친구들은

일제히 하얀 천을 뒤집어 쓴 채 유령의 울음소리를

내면서 쇼팽의 주위를 서성거렸습니다.

그런데 쇼팽은 친구들의 행동에 아랑곳없이

조용히 피아노 앞에 앉았습니다.

그리고는 친구들의 모습을 떠올리며

음악을 연주하기 시작했습니다.

이 곡이 유명한 쇼팽의 피아노 소나타 '장송 행진곡' 입니다.

친구들의 우스꽝스러운 모습 속에서 떠오른 악상이

역사적인 명곡으로 탄생하게 되는 순간이었습니다.

수많은 의미와 감동이 우리 주변에 숨겨져 있습니다.

세상을 움직이는 명인은

바로 이것을 찾아내는 안목을 지닌 사람들입니다.

남들이 눈여겨보지 않는 보잘 것 없는 것들에 주목하십시오.

바로 그 곳에 우리의 미래를 열어주는 열쇠가 숨겨져 있습니다.

로마가 로마인 이유

로마인들은 지성에서는 그리스인보다 못하고
체력에서는 켈트족이나 게르만족보다 못하고
기술력에서는 에트루리아인보다 못하고
경제력에서는 카르타고인보다 떨어진다는 평가를 받았습니다.
그럼에도 불구하고 로마는
지중해의 패권 국가가 되어 천년 왕국을 이뤘습니다.
「로마인 이야기」의 저자 시오노 나나미는 이 책을 통해
로마가 천년 왕국을 이룰 수 있었던 원인을 추적했는데
첫 번째는 법과 제도를 지키는 원칙에 충실했던 로마시민들의 습관이었고
두 번째는 점령한 나라의 국민들에게는 시민권을 개방하고
그 대표자를 원로원에 흡수하는 사회적 통합에 있었다고 합니다.
로마인들이 후세에 남긴 진정한 유산은 제국의 유적들이 아니라
법과 통합으로 유럽을 하나로 만든 것이라고 평가합니다.

그들은 전쟁에서 승리했을 때에도 상대방을 말살 시킨 적이 거의 없고
적의 문화를 존중하고 스스로의 힘으로
살아갈 수 있도록 길을 열어주었습니다.

어느 때 보다 경제, 문화, 정치가 급변하는 사회에서
시오노 나나미가 주목한 로마의 힘에 귀를 기울여 봅니다.
원칙을 지키고, 약자를 배려하며, 상대를 존중하는 문화를 갖춰야
세계가 존경하는 문화 강국이 될 수 있다는 사실을 기억해야 할 것입니다.

워렌 버핏의 신념

세계 2위의 대 부호이자 주식투자가 워렌 버핏이

한 노인과 골프를 치고 있었습니다.

노인이 버핏에게 "이번 홀에서 당신이 홀인원 하는데

만 달러를 걸겠소. 당신은 2달러만 거시오." 라며 내기를 제안했습니다.

그러자 버핏은 "확률이 낮은 도박은 하지 않습니다."라며 거절했습니다.

노인은 겨우 2달러 갖고 뭘 그렇게 벌벌 떠느냐며 핀잔을 주자

버핏은 이렇게 말했습니다.

"2달러를 함부로 쓰는 사람은 만 달러를 주어도 날려버립니다.

이길 확률이 없는데 요행을 바라는 것은 투기꾼이나 할 짓이지

투자가가 할 일이 아니지요."

버핏은 세계에서 두 번째로 많은 재산을 소유하고 있지만

평범한 중산층들이 살만한 단독주택에서 45년 동안 살고 있습니다.

그럼에도 불구하고 전 재산의 85%를 기부하면서

세계 언론에 충격을 던져주기도 했습니다.

이처럼 청렴과 기부가 몸에 밴 생활로 버핏은

많은 투자자들의 깊은 신뢰를 얻고 있습니다.

그는 투자에 대한 자신의 철학을 다음과 같이 말했습니다.

"대박은 끔찍한 것입니다. 내 관심은 오로지

나를 믿고 투자하는 주주들의 신뢰뿐입니다."

일확천금을 위한 투자 보다

사람들의 신뢰를 얻는데 투자하는 것은 어떨가요?

망할 일도 없고, 잃을 것도 없습니다.

믿음으로 가까워진 사람들은

평생 당신의 지지자가 되어 줄 것입니다.

18명 자녀

미국 프로농구팀의 총감독인 펫 윌리암스는
모두 열여덟 명의 자녀를 두고 있습니다.
하지만 이렇게 많은 자녀들 중에서
윌리암스 부부가 낳은 자녀는 실제로 네 명 뿐입니다.
나머지 열네 명의 자녀는 모두 입양한 아이들입니다.
이들 중 상당수는 몸이 불편한 장애아이며
한국인 아이도 두 명이나 있습니다.
윌리암스 부부는 가족을 위해 대형버스를 구해
가족의 자가용으로 사용하고 있습니다.
많은 가족을 위해서 특별히 방이 많은 집을 구했고
가족의 식탁도 특별 주문한 대형 식탁을 사용하고 있습니다.
평생 농구를 하며 번 돈을
피부색이 다른 가족들이 함께 생활하기 위해
아낌없이 사용하고 있는 것입니다.

그는 인터뷰나 강연이 있을 때마다

항상 하는 말이 있습니다.

"나 혼자만 잘 살아서는 결코 행복할 수 없습니다.

행복은 나눌 줄 알아야 진정으로 행복해 질 수 있습니다."

행복의 지름길은 나눔에 있습니다.

당신도 행복을 위한 나눔의 길로 들어서 보는 것은 어떨는지요?

무엇인가 받을 때보다 나눌 때 기쁨은 배가 됩니다.

나눌수록 우리 인생은 풍성한 인생이 될 것입니다.

강도와 신경통

오 헨리의 단편 소설 중에
「강도와 신경통」이라는 이야기가 있습니다.

어느 날 저녁 집에 강도가 들었습니다.

부스럭거리는 소리에 잠에서 깨어난 주인은 강도와 마주치게 되었고
강도는 총을 들이대며 주인에게 "손들어!"라고 말했습니다.

놀란 집 주인은 손을 높이 쳐들었지만
오른 손은 내린 채 왼손만 올렸습니다.

"왜, 한 손만 드는 거지?"

이상하게 여긴 강도가 묻자 주인은 자초지종을 설명 했습니다.

"저는 신경통이 심해 오른손이 거의 움직이지 않습니다.
아무리 들려고 해도 들어지지 않아요."

이 말을 들은 강도는 잠시 머뭇거리더니 총을 내리고 다가와
이렇게 말했습니다.

"사실 나도 신경통 때문에 잠을 자지 못한다오.

낮에는 일도 하지 못하고 밤이면 침대에 누울 수 없으니
결국 총을 들고 나와 이렇게 강도짓으로 하루하루 살아갈 뿐이지요.”
이렇게 시작한 두 사람의 대화는 해가 뜨는 줄 모르고
아침까지 계속되었습니다.

이 짤막한 이야기는 우리에게 인간관계의 비밀을 가르쳐 주고 있습니다.
낯선 상대라 하더라도 동질감을 느끼는 순간
오래 알고 지낸 친구보다 가깝게 느껴질 때가 있습니다.
반대로 평소에 친하게 지내던 사람이 어떤 일에 나와 너무 다른
생각과 행동을 한다면 이질감을 느끼고 결국 멀어지기까지 합니다.
이처럼 내 생각을 고집하고 상대에게 강요하는 것은
인간관계를 멀어지게 합니다.
좋은 관계는 내 고집을 버리는 것에서 시작합니다.
그리고 상대방과 마음을 맞추려고 노력할 때 열매를 맺습니다.

링컨의 용서

미국 남북전쟁에서 남부가 패한 뒤 존 윌크스 부스는
링컨 대통령에 대한 복수를 다짐했습니다.
그리고 그의 다짐대로 링컨을 암살한 살인자가 되었습니다.
링컨은 남북전쟁에서 승리하고 노예제도를 폐지하면서
대통령 재선에 성공했습니다.
그는 재선된 대통령 취임식에서
"아무에게도 악으로 대하지 말고
모든 자에게 사랑으로 대하라."라고 말하며
남부와 북부가 화해하고 흑인과 백인이
차별하지 않는 세상을 꿈꾸었습니다.
윌크스 부스는 평생을 한 사람에 대한 복수심으로 살아갔지만
링컨은 용서와 사랑의 가치를 최우선으로 삼았습니다.
결국 한 사람은 희대의 암살범으로 기억되었지만
다른 한 사람은 미국을 상징하는 위대한 대통령으로 남았습니다.

냉정한 사회는 정쟁과 이해관계로

서로 헐뜯고 상처를 주는데 주저함이 없습니다.

사회가 냉정해질수록 링컨의 연설이

우리 마음속에 더욱 깊이 자리 잡기를 바랍니다.

누구에게든지 악한 마음으로 대하지 마십시오.

사랑으로 서로를 대한다면 바로 그곳이 천국일지도 모릅니다.

찰스 콜슨의 변화

20년 동안 닉슨 대통령의 법률고문으로 일했던 찰스 콜슨은
미국에서 영향력 있는 정치인 중 한 사람이었습니다.
월스트리트 저널은 그의 냉철한 판단과 능력에 대해 이렇게 평가했습니다.
"찰스 콜슨은 자기 어머니나 할머니의 시체를 밟어서라도
끝까지 맡은 일을 해낼 수 있는 능력의 소유자다."
뛰어난 능력을 지녔지만 냉정한 그의 성격을 대변하는 평가입니다.
이런 그가 워터게이트 사건에 연루되어 감옥에 가게 되었습니다.
그곳에서 그는 신앙에 의지해 자신의 삶을 바꾸기 시작했습니다.
냉철하고 권력 지향적이던 모습을 벗어버리고
자신의 초라한 현실을 받아들였습니다.
그리고 그리스도의 삶을 본받아 살기로 다짐했습니다.
감옥에서 나온 그는 이웃을 돌아보는 일에 앞장섰고
따뜻함과 사랑이 넘치는 사람으로 변했습니다.
1993년 종교인의 노벨상이라고 불리는 템플턴상까지 수상하면서

그의 변화된 삶은 많은 사람들에게 큰 감동을 전해 주었습니다.

가끔 한 사람의 변화에 대해서 보도될 때가 있습니다.
그런데 진정한 변화는 자기의 이익을 위한 변화가 아니라
사랑과 용서, 그리고 나눔의 가치가 포함된 변화입니다.
나 자신만 느끼는 변화는 진정한 변화가 아닙니다.
다른 사람이 나의 변화를 통해 영향을 받을 수 있어야 합니다.
변화가 감동과 도전을 줄 수 있을 때
가치 있고 의미 있는 변화로 인정받는 것입니다.
이제는 세상을 바꾸는 변화가 당신의 삶에 일어나길 기대합니다.

기쁨과 쾌락의 차이

현대 심리학의 대가 에리히 프롬은

그의 저서 「소유냐 삶이냐」를 통해

기쁨과 쾌락의 차이점을 설명하고 있습니다.

그는 기쁨이란 삶이 주는 최고의 선물이라고 표현합니다.

이러한 기쁨은 우리가 하고자 하는 목표를

이루어 가는 과정에서 자연스럽게 경험되는 감정이며

삶을 지속적으로 비춰주는 빛과 같은 존재라는 것입니다.

그러나 쾌락은 기쁨과는 많은 차이점이 있습니다.

쾌락은 말초신경을 자극해 흥분만 일으키고 쉽게 사라져 버립니다.

그리고 그 남은 공간을 허무와 슬픔으로 채워 버리게 됩니다.

이것을 달래기 위해 더 강한 쾌락을 요구하게 됩니다.

따라서 쾌락은 마약과 같이 우리 삶을 피폐하게 만듭니다.

프롬은 현대인들이 '기쁨이 사라진 쾌락'의 시대에 살고 있기 때문에

그 차이를 인식하지 못한 채 살고 있다고 언급합니다.

권력, 재물, 성적 쾌락, 인기, 멋진 외모가

최고의 가치로 전락한 현대 사회에서는

자살, 이혼, 우울증과 같은 부정적 현상이 나타날 수 밖에 없습니다.

짧은 쾌락을 찾기 보다 진정한 내면의 기쁨을 추구하십시오.

삶의 의미있는 목표를 향해서 전진하십시오.

그 과정에서 만나는 기쁨이라는 선물이

당시의 삶을 풍성하게 만들어 줄 것입니다.

용서와 사랑

탈무드에 나오는 이야기입니다.

하루는 아버지가 아들에게 이웃집에 가서

낫을 빌려오라고 심부름을 시켰습니다.

그러나 아들은 빈손으로 돌아왔습니다.

이웃집이 낫을 빌려주지 않은 것입니다.

며칠 뒤 그 이웃이 호미를 빌리러 왔습니다.

그러자 아버지는 흔쾌히 호미를 빌려주었습니다.

이웃이 돌아가고 난 뒤 아들은 아버지에게 물었습니다.

"아버지, 저 사람은 우리에게 낫을 빌려주지 않았는데

아버지는 왜 호미를 빌려주신 겁니까?"

아버지는 약간 흥분해 있는 아들의 어깨에 손을 올리며

이렇게 대답했습니다.

"아들아, 그 이웃이 우리에게 도움을 주지 않았다고

우리도 그렇게 한다면 그것은 복수이자 증오란다.

하지만 상대방의 행동에 상관없이 필요할 때 도움을
줄 수 있는 것은 용서이자 사랑이란다.
너는 어떤 마음으로 살아가고 싶으니?"

지금 내 마음을 움직이는 것은 어떤 것입니까?
복수와 증오가 마음에 자리 잡기 시작하면
더 이상 내가 마음의 주인이 아니라, 복수와 증오가
내 마음의 주인이 되어 이성적인 판단을 가로 막습니다.
복수 대신에 용서를 선택하십시오.
그러면 많은 사람을 담을 수 있는
호수 같은 사람이 될 것입니다.

돈으로 살 수 없는 것

침대는 살 수 있지만 숙면은 살 수 없습니다.

책은 살 수 있지만 지혜는 살 수 없습니다.

음식은 살 수 있지만 식욕은 살 수 없습니다.

약은 살 수 있지만 건강은 살 수 없습니다.

집은 살 수 있지만 가정은 살 수 없습니다.

많은 사람들이 돈으로 모든 것을 해결할 수 있다고 생각합니다.

좋은 침대를 사면, 잠이 잘 오리라 여기지만

한두 달 지나면 낡은 이불과 다를 바 없다고 느껴집니다.

많은 사람들의 학벌이 올라갔지만 범죄율은 낮아지지 않습니다.

값비싼 음식으로 배를 채우고 최고의 병원을 다니며 건강을 체크하지만

정작 내 건강은 절제와 운동과 마음가짐에서 결정됩니다.

비싼 집에서 산다고 가정이 행복할까요?

부모가 행복하지 못하고, 웃음이 사라진 가정에는

아무도 머물러 있고 싶지 않습니다.

돈이 모든 것을 해결할 수 없습니다.

진정한 행복은 어디에서 올까요?

욕심을 버리고 지금 환경에 감사할 때 행복은 시작됩니다.

복숭아 그림 선물

근대 서양화의 대가 이중섭 화백의 일화입니다.

하루는 이 화백이 병원에 입원한 친구를 찾았습니다.

그는 친구가 입원한지 사실을 알고도 오랜 시간이 지난 후

문병했기 때문에 미안한 마음으로 들어갔습니다.

어색한 모습으로 들어선 이 화백은 아무 말도 없이

친구에게 작은 도화지 한 장을 건넸습니다.

"자네 주려고 가지고 왔네.

자네가 좋아하는 복숭아라네."

도화지에는 탐스러운 복숭아 그림이 그려져 있었습니다.

"이걸 그리느라 늦었나 보군."

친구의 말에 그는 조용히 고개만 끄덕였습니다.

그는 복숭아 하나 살 돈조차 없을 정도로 가난했습니다.

친구를 위해 정성스럽게 그린

복숭아 그림 하나로 친구의 아픔을 위로해 주고 싶었습니다.

친구는 이중섭의 우정에 감동받고
뜨거운 눈물을 흘리며 그의 손을 꼭 잡았습니다.

값비싼 물건에는 크게 감동하고
저렴한 선물에 기분상한 경험이 없었는지요?
선물의 가치는 가격으로 결정되지 않습니다.
최고의 선물은 선물을 준비하는 마음에 있습니다.
사랑이 담긴 선물이라면 길가에 굴러다니는 돌멩이라도
평생 간직해야 하는 고귀한 보석이 될 수 있습니다.

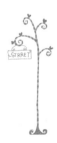

조건 없는 도움

어떤 영국 국회의원이 선거 유세를 위해
마차를 타고 이동하고 있었습니다.
그런데 갑자기 마차 바퀴가 진흙탕에
빠져 버렸고 마차는 전혀 움직이지 않았습니다.
마차는 움직일수록 진흙탕으로 빠져들 뿐
전혀 움직일 기미가 안보였습니다.
그때 갑자기 어린 소년이 나타나 진흙에 빠진
바퀴 쪽으로 달려가 있는 힘껏 밀어 올렸습니다.
그러자 마차는 마부의 채찍 소리 몇 번과 함께
어느새 진흙탕 밖으로 나오게 되었습니다.
마차에서 내린 의원은 소년에게 다가가 감사를 표시했습니다.
그리고 장래 희망을 물었습니다.
소년은 커서 의사가 되고 싶다고 말했습니다.
의원은 소년을 도와주겠다고 약속했고 소년은
의원의 도움으로 의학공부를 할 수 있었습니다.

많은 시간이 흘렀습니다.

영국의 수상 윈스턴 처칠이 모로코에서 열리는 회의에 참석했다가

패혈증에 걸려 죽음의 문턱에 빠졌습니다. 그러나 때마침 발명된

페니실린 덕분에 무사히 병을 극복할 수 있었습니다.

이 페니실린을 발명한 알렉산더 플레밍이 바로

의원의 마차를 도와주었던 소년이었습니다.

그리고 플레밍에게 의학 공부의 길을 열어주었던 의원은

윈스턴 처칠의 아버지 랜돌프 처칠이었습니다.

진실한 마음으로 나눔과 선행을 할 때

보답은 자연스럽게 따라옵니다.

혹시 내가 베푼 호의에 보답이 없더라도 돕고자 하는 선한 마음이

상대방에게 전해질 수 있다면 그것만으로도 충분합니다.

이런 나눔과 선행이 퍼져 나가는 세상을 꿈꾸며

오늘도 작은 배려에 앞장서 봅시다.

격려의 한 마디

세계적인 소프라노 가수의 귀국 독창회가 열리는 날이었습니다.
수많은 청중들이 그의 노래를 듣기 위해
공연장으로 몰려들었습니다.
공연 시작 직전, 사회자가 당황한 표정으로 무대 위에 올랐습니다.
그리고 비행기가 연착되는 바람에 오늘 공연하기로 한 가수가
무대에 서기 어려울 것이라고 설명했습니다.
대신에 촉망 받는 신인 가수가 무대에 오를 것이라며
청중들에게 공연장을 떠나지 말아 달라고 부탁했습니다.
청중들은 크게 실망했습니다.
젊은 성악가가 무대에 올랐지만 박수를 치는 사람은 없었고
모두 냉담한 표정으로 앉아 있었습니다.
산만한 분위기 속에서도 신인 가수는 최선을 다해 노래를 불렀습니다.
그러나 공연을 마친 신인 가수에게
박수를 보내는 사람은 아무도 없었습니다.

그때였습니다.

객석 한편에 조용히 앉아있던

어린 아이가 박수를 치며 이렇게 말했습니다.

"아빠, 정말 최고예요! 최고!"

그제서야 객석에 앉아 있던 청중들이 하나 둘 박수를 치기 시작했고,

긴장한 신인 가수에게 따뜻한 미소를 보여주었습니다.

이 신인가수가 훗날 세계 최고의 테너라 불리우는

루치아노 파바로티였습니다.

아들이 외친 응원의 한 마디가

세계 최고의 성악가의 탄생을 알린 것입니다.

당신의 작은 격려가 누군가에게는

인생의 터닝포인트가 될 수도 있습니다.

오늘 내가 격려할 사람은 누구인가요?

나를 코끼리로 아나!

가난한 청년이었던 마틴은
캘리포니아의 작은 대학에 입학하게 되었습니다.
그는 입학 전에 학비를 마련하기 위해 일자리를 찾아 나섰고
공사장의 현장 감독이 마틴의 어려운 사정을 듣고
일자리를 마련해 주었습니다.
현장의 인부들은 점심시간이 되면
커다란 나무 밑에 둘러 앉아 함께 식사를 했지만
형편이 어려워 도시락을 싸 오지 못한 마틴은
나무 그늘에 누워 허기를 달래야 했습니다.
그때 현장 감독의 목소리가 들렸습니다.
"젠장, 이놈의 마누라가 나를 코끼리로 아나?
혼자서 이걸 어떻게 먹으라고 이렇게 많이 싸 보낸 거야?
이봐, 누구 이 샌드위치와 케이크 한 조각 좀 먹어줄 사람 없어?"
마틴은 그제서야 현장 감독이 내민 샌드위치로
허기진 배를 채울 수 있었습니다.

감독의 하소연은 매일 이어졌고

덕분에 마틴은 점심때마다 식사를 할 수 있었습니다.

마틴은 한 달이 지나 급료를 받기 위해 사무실에 찾아갔습니다.

급료를 받고 나오면서 경리 직원에게 인사말을 남겼습니다.

"감독님께 감사의 말을 전해주세요.

그리고 부인의 샌드위치도 정말 맛있었다고요."

경리 직원은 깜짝 놀란 눈으로 되물었습니다.

"부인이라니요? 사모님은 5년 전에 돌아 가셨어요.

감독님은 여전히 부인을 그리워하며 혼자 살고 계신답니다."

진정한 나눔은 내 손길을 자랑하지 않습니다.

그리고 상대의 자존심을 상하게 하지 않습니다.

그러한 나눔이 진정한 나눔이며

그 감동은 평생 지워지지 않고 또 다른 나눔을 낳게 됩니다.

생명을 살린 작은 관심

중학생인 마크가 수업을 마치고 집으로 돌아가는 길이었습니다.
앞서 가던 한 학생이 발을 헛디뎌 넘어지면서 손에 들고 있던
책, 스웨터, 카세트, 야구글러브와 방망이 등을 바닥에 떨어뜨렸습니다.
마크는 얼른 달려가서 그 학생이 물건을 줍는 걸 도와주었습니다.
마침 집으로 가는 방향이 같아 학생의 짐을 나눠들었습니다.
함께 걸으며 나눈 대화를 통해 친구의 이름이 빌이라는 것과
비디오게임, 야구와 역사를 좋아하지만 다른 과목은
점수가 형편없다는 사실을 알게 되었습니다.
그리고 며칠 전에는 여자 친구와 헤어져 상처를 받았다는 사실도 알았습니다.
그 후 둘은 학교에서 종종 만나며 점심 식사도 같이 하였고
고등학교도 같은 학교에 다니면서 친하게 지냈습니다.
고등학교 졸업을 한 달 앞둔 날 빌이 마크의 교실로 찾아왔습니다.
그리고 처음 만났을 때의 애기를 꺼냈습니다.
"그때 내가 왜 그 많은 물건들을 집으로 갖고 갔는지 아니?
그때 난 학교 사물함에 있는 내 물건들을 전부 꺼내오던 중이었어.

난 이미 어머니가 복용하던 수면제를 모아 놓았고
그날 집으로 돌아가면 그걸 먹고 자살할 생각이었지.
그런데 너와 웃고 대화 하는 사이 생각이 달라졌단다."
작은 친절 하나가 한 사람의 생명을 살린 것입니다.

사랑은 작은 미소에서 시작됩니다.
가볍게 내미는 손에서 전달됩니다.
사랑은 거창하지 않습니다.
돈도 들지 않으며
많은 시간이 필요한 것도 아닙니다.
사랑을 베풀 때 얻게 되는 결과는 때로 우리가 상상할 수
없을 정도로 엄청난 결과를 가져옵니다.
어떤 결과를 가져올지 궁금하시다면
지금 주위를 둘러보시고 실의에 빠진 이웃을 향해 다가가십시오.
내가 건넨 작은 관심, 작은 미소가 또 하나의 세상을 열 수 있습니다.

치킨 게임

제임스 딘의 영화 「이유 없는 반항」에 등장하는 장면입니다.
주인공과 불량배 두목이 각각 차를 타고 절벽을 향해 질주를 하다가
먼저 멈추거나 핸들을 돌리는 사람이 패배자가 되는 대결을 벌입니다.
무모한 것 같은 대결이지만 영화의 한 장면인 이 대결은
1950년대 미국의 젊은이들 사이에서 유행처럼 퍼졌습니다.
'치킨 게임'이라 불린 이 대결은
먼저 핸들을 돌리는 겁쟁이를 가리는 경기입니다.
그렇기 때문에 두 사람이 모두 고집을 피운다면
모두 죽음에 이를 수 있는 끔찍한 게임입니다.
최근에는 사회 전반에 일어나는
무모한 대결을 언급하는 용어로 사용되고 있습니다.
과거 미국과 소련의 군비 경쟁부터 최근 기업 간의 가격 경쟁
그리고 권력을 향한 정치세력 간의 대립에 비유되기도 합니다.

그러나 치킨 게임은 보기보다 가까이에서 벌어지고 있습니다.

부모와 자녀 사이에서도, 형제나 부부사이에서도, 친구 사이에서도

서로의 자존심 때문에 모두가 상처받는 상황을 만들어 냅니다.

양보는 없고, 남 탓만 있으며, 상대방에게 상처를 주기 위해

내가 받을 상처는 아무렇지도 않게 여깁니다.

이렇듯 많은 사람들이 무모한 대결 속에서 살아가고 있습니다.

그러나 세상을 살아가는 지혜는 바로 '이해'와 '양보'에 있습니다.

이해와 양보는 패배가 아니라 가장 성숙한 단계의 승리입니다.

매일매일 사랑으로 승리하십시오.

이는 우리 모두가 함께 행복할 수 있는 가장 올바른 승리입니다.

크리스마스 씰(Christmas Seal)

19세기 후반 유럽은 산업 혁명의 후유증으로 몸살을 앓고 있었습니다.
인구가 급증하면서 도시는 거대해져 갔지만 대다수의 서민들이 살고 있는
빈민가는 매우 지저분했고 각종 질병과 전염병의 온상으로 여겨졌습니다.
당시 가장 큰 골칫거리는 결핵이었습니다.
쉽게 전염되지만 보균자를 찾기 어려웠고
특히 어린 아이들의 사망률이 높아 전 유럽이 골치를 앓고 있었습니다.
덴마크의 한 우체국에서 우체국장으로 일하던 아이날 홀벨도
결핵으로 고통 받고 있는 아이들의 소식에 안타까워했습니다.
그러나 도시의 우체국장에 불과한 신분으로 할 수 있는 일은 많지 않았습니다.
크리스마스가 다가오면 우체국은 언제나 수많은 편지와 소포들로
넘쳐났습니다. 우편물을 정리하던 홀벨은 갑자기 이런 생각이 들었습니다.
'크리스마스 때만이라도 우편물 하나에 동전 한 닢씩만
넣어 보내도 많은 아이들을 치료할 수 있을 텐데….'
그리고 번뜩이는 생각을 조금 더 구체화 했습니다.

'크리스마스 기간에만 결핵 아동을 돕기 위한

특별 우표를 발행해 보는 건 어떨까?'

1904년 12월 크리스마스 씰이 덴마크의 한 우체국에서 첫 발행이 되었고

큰 호응을 얻자 덴마크 국왕까지 지원을 아끼지 않았습니다.

20여 년 뒤, 씰은 전 유럽에서 발행되었고 이후 전 세계로 확대 되었습니다.

그리고 100년이 지난 지금까지도 해마다 12월의 첫 날이 되면

크리스마스 시즌을 알리는 전령사처럼 전 세계에서 발행되고 있습니다.

훌륭한 아이디어는 많은 돈을 벌게 하지만

따뜻한 아이디어는 오랜 시간 가슴에 남을 역사를 만들어냅니다.

연말연시는 1년 마다 찾아옵니다. 따뜻한 아이디어가

1년에 한 번이 아니라, 도움의 손길을 기다리는

곳곳에서 계속 실현되었으면 좋겠습니다.

실패한 마이더스 왕

1923년 시카고의 한 호텔에서 7명의 미국 최고 부자들이 모였습니다.

7명의 재산은 당시 미국 정부의 국고보다 많았습니다.

그래서 사람들은 이 모임을 '마이더스'의 모임이라 불렀습니다.

마이더스는 그리스 신화에 등장하는 왕으로

만지는 것마다 모두 황금으로 변하게 하는 부의 상징입니다.

이 모임은 미국의 언론과 대중에게 부러움과 관심의 대상이 되었습니다.

25년이 지난 후 한 언론사의 기자가

마이더스 모임의 멤버들을 추적했습니다.

놀랍게도 그들의 현실은 과거와는 사뭇 달랐습니다.

철강회사 사장이었던 찰스 샤브와 농산물 수입업자 아더 쿼터는

가난한 채로 아무 것도 남기지 못하고 사망했습니다.

뉴욕 은행 총재였던 리차드 위트니는 수많은 비리와 고소, 고발로

감옥에 수감 중이었고, 재무장관 출신이었던 엘버트 홀은

사기죄로 복역을 마친 상태였습니다.

더욱 안타까운 사실은 국제은행 총재였던 네언 휘저와

월 스트리트 대기업 사장이었던 제시리버 모우는 자살로 생을 마감했고

부동산 재벌 이반 쿠버는 자살 미수로 치료 받고 있는 중이었습니다.

돈의 축적을 나쁘다고 말하는 것은 아닙니다.

그러나 인간성의 상실 위에 부를 축적하는 순간

스스로 파멸하게 되는 것을 경계해야 한다는 것입니다.

잘못 사용되어지는 재물은 인생을 파고드는 좀 벌레와 같습니다.

그러나 아름답게 사용되어질 때에는

재물이 쓰이는 모든 곳을 빛나게 합니다.

재물을 소유하는 것이 아닌 나누고 베푸는 것으로 여기는 사람이

바로 성공하는 삶의 주인공이 될 것입니다.

아름다운 시골 가게

전남 장성의 한 시골마을에 자리한 '아름다운 가게' 이야기 입니다.

장성읍 북하면 단전리 신촌마을은 310여명이

살고 있지만 노인들이 더 많은 곳입니다.

유일한 가게인 마을 구판장이 갈수록 줄어드는 농촌인구로

인건비조차 건지기 힘들어지자 문을 닫게 되었습니다.

그러자 마을 이장이 인건비가 전혀 들지 않는 '무인 가게'를

생각해 냈고 사비를 들여 가게를 이어 왔습니다.

손님들은 물건을 고른 뒤 양심껏

가게 안에 놓은 금고에 물건 값을 지불하고

현금이 없으면 따로 비치된 '외상장부'에 적어 놓고 나중에 갚으면 됩니다.

이 가게는 기대 이상으로 운영이 잘 되었고 매출도 거의 정확했습니다.

그러나 이 가게가 '아름다운 가게'라고 불린 이유는 따로 있습니다.

얼마 안 되는 이익금으로 매달 불우한 마을 노인들에게

쌀 1포대씩을 전달하는가 하면 가장 불우한 노인에게는
매달 3만원을 전달하며 어려운 이웃들을 도와주고 있습니다.
어려움에 포기해야 했던 마을 구판장이었지만
믿음과 신뢰로 다시 일어서니 이제 사랑을 전하는
세상에서 가장 '아름다운 가게'가 되었습니다.

계획한 일이 잘 되지 않고 환경이 도와주지 않을 때
우리는 요행을 바라거나 올바르지 않은 방법을
쓰고 싶은 유혹에 빠지기도 합니다.
그럴 때일수록 욕심을 버리고
나누고 손해 보는 방법을 써 보는 건 어떨까요?
사랑의 나눔이 일어나는 곳은 아무리 누추해도
사람의 향기와 따뜻함이 차고 넘치는 아름다운 공간이 될 것입니다.

맛없는 자장면

종로의 한 중국 음식점에는

'맛이 없으면 값을 받지 않습니다.' 라는 간판이 붙어있습니다.

어느 날 할아버지와 초등학생 손자가 이 음식점을 찾아왔습니다.

할아버지의 거칠고 갈라진 손은 할아버지의 힘들었던 삶을 말해주는 듯했고

낡고 헤진 옷가지는 여전히 형편이 어렵다는 것을 보여주는 듯 했습니다.

이윽고 자장면 두 그릇이 식탁에 올랐고 할아버지는 입에 대기도 전에

자신의 그릇에 있는 자장면을 자꾸 아이의 그릇에 덜어주었습니다.

대화를 듣다보니 아이는 부모 없이

할아버지와 단둘이 사는 것 같아 보였습니다.

식사를 마친 할아버지와 손자가 자리에서 일어나자

중국집 주인은 잠시 생각하더니 주방으로 들어갔습니다.

"주방장! 오늘 자장면 맛 좀 보자."

주인은 자장면 맛을 보고는 주방장을 다그쳤습니다.

"오늘 자장면은 기름이 좀 많이 들어 간 것 같고, 간도 안 맞는 것 같아.

이래가지고 손님한테 돈을 받을 수 있겠나?"

주인은 할아버지와 손자 앞에 와서 이렇게 말했습니다.

"오늘 자장면이 별로 맛이 없습니다.

저희는 자장면 맛이 없으면 돈을 받지 않거든요.

다음에 오시면 꼭 맛있는 자장면을 대접하겠습니다.

오늘은 그냥 가십시오. 죄송합니다."

그리고 손자의 손을 잡고 문을 나서는 할아버지께 정중하게 인사를 했습니다.

그 맛없다는 자장면이 먹고 싶어지는 이유는 뭘까요?

장삿속으로 가득한 세상에서 이웃을 사랑하는 마음이 담긴

자장면이 너무도 특별하고 맛있게 느껴지기 때문입니다.

사랑의 맛은 정말 특별합니다.

한 번 맛보면 헤어 나오기 어려운 중독성을 지녔습니다.

이제 나만의 레시피에 사랑의 맛을 내는 요리를 추가해 보지 않겠습니까?

은하철도 999

많은 사랑을 받았던 애니메이션 「은하철도 999」는

「은하철도의 밤」이라는 동화를 원작으로 삼고 있습니다.

「은하철도의 밤」의 작가 미야자와 겐지는 1896년

일본 농촌에서 상업을 하는 부유한 가정에서 태어났습니다.

학교를 졸업하고 아버지를 따라 가업을 이을 예정이었지만

가난한 농민들을 이용해 돈은 버는 부모에게 실망하고

집을 나와 농촌 교사로 일하면서 농민들을 위한 봉사를 시작했습니다.

그는 농민들의 식생활, 문화, 교육 전반을 바꾸기 위해 노력했고

효율적인 농작과 비료 연구로 밤을 새기도 했습니다.

그러나 농민들은 그의 간섭을 불편해 했고

그저 부잣집 도련님의 철없는 행동으로 여겼습니다.

평생을 바쳐 사랑한 농민들에게도 버림받았지만

희생을 멈추지 않았습니다.

'농민들의 삶을 위로해 줄 글을 쓰자.'

그러나 그는 팔리지도 않은 다섯 편의 동화와 몇 편의 시를 남긴 채

37세의 나이를 마치지도 못하고 폐결핵으로 세상을 떠났습니다.

그러나 그가 세상을 뜨고서야 그의 작품은 일본인들의 마음을 사로잡았고

각종 만화와 영화로 재탄생되었습니다.

누군가를 위한 희생과 헌신은 절대 헛되지 않습니다.

내가 사는 동안 결실을 보지 못해도 낙심하지 마십시오.

언젠가 당신이 뿌린 씨앗이 오십배 백배의 열매를 내어

많은 사람들이 도움을 얻게 될 것입니다.

스크루지 영감

크리스마스를 대표하는 소설 「크리스마스 캐롤」은 지금까지
10차례가 넘게 영화로 만들어 졌으며, 매년 크리스마스 시즌이 되면
전 세계에서 뮤지컬, 연극으로 많은 이들의 사랑을 받고 있습니다.
우리에게는 스크루지 영감으로 잘 알려져 있는 이 소설은
지나치게 아끼고 고지식한 스크루지 영감이 크리스마스 전날 밤
신비한 일들을 겪으면서 나눔의 의미를 깨닫게 된다는 이야기입니다.
이 소설은 작가 찰스 디킨스의 어릴 적 경험이 고스란히 담겨 있습니다.
그가 12살 되던 해, 아버지는 채무 관계로 인해 감옥에 가게 되었고
디킨스는 학업을 그만두고 공장에서 일하며 가족들을 부양했습니다.
그가 경험한 영국 사회는 극심한 빈부격차로
많은 사람들이 가난과 배고픔에서 벗어나지 못하고 있었습니다.
부자들은 크고 화려한 집에서 낭비하며 살아갔지만, 빈민가의 사람들은
하루치 음식 값도 안 되는 품삯을 벌면서 고된 일을 해야만 했습니다.
그는 배고픔과 삶에 지친 가난한 사람들에게 희망을 이야기하고 싶었고

부유한 사람들에게는 나눔의 가치를 알리고 싶었습니다.

그의 소망대로 소설은 많은 사람들에게 감동을 주었습니다.

이 소설이 170년이 지난 지금도 감동을 주는 이유는

지금의 상황이 소설이 쓰여 질 당시

영국의 상황과 다르지 않기 때문인지도 모릅니다.

우리는 혹시 스크루지의 모습이 투영된 모습으로 살고 있지는 않는지요?

휘황찬란한 불빛 아래에서 자신만을 위한 즐거움에 집중하고 있습니까?

날씨가 추워질수록 어려운 이웃들의 마음의 온도는 두 배로 내려갑니다.

싸늘하게 얼어붙은 영혼들이 당신의 뜨거운 사랑을

기다리고 있다는 사실을 기억하시기 바랍니다.

사랑의 편지 발행인 **류 중 현**

[일반경력]

1985년	서울지하철공사 기독교 신우회 지도목사 (5년)
1985년	서울지하철선교회 대표
2001년	서울시비영리민간단체 제203호 '서울지하철기독교선교협의회' 대표
2001년	(사단법인) 서울지하철문화연구원 이사장
2002년	(사단법인) 건설교통부인가 교통문화협의회 회장
2004년 2월 4일	서울도시철도공사 재난방지훈련 시민평가단 부위원장
2006년 9월 1일~현재	전국교통문화선교협의회 창립 사무총장
2012년	6월 7일 서울고등법원 시민사법위원 위촉
2012년	(현) 교통문화선교협의회 사무총장
2012년	(현) 지하철사랑의편지 발행인

[수상경력]

일 자	수 상 내 용	수 여 기 관
1987년 4월 30일	88올림픽 공로(단체)	서울지하철공사 김재명 사장
1998년 7월 14일	공연문화 공로패	서울도시철도공사 윤두영 사장
1998년 8월 1일	질서 정화 표창장	서울지하철공사 손장호 사장
1999년 11월 14일	지하철 교통문화 확립 감사패	서울도시철도공사 홍종민 사장
2001년 3월 30일	서울시 교통문화 표창장	서울특별시 고건 시장
2001년 11월 29일	교통문화선진화 표창장	문화관광부 남궁진 장관
2002년 11월 27일	대한민국체육포장 (월드컵공로)	김대중 대통령
2005년 5월 26일	지하철 문화 표창장	서울도시철도공사 제타룡 사장
2005년 11월 18일	질서 환경 표창장	서울메트로 강경호 사장
2006년 4월 27일	교통문화 협력 단체 위촉	서울도시철도공사 음성직 사장
2006년 5월 23일	교통문화 협력 단체 위촉	서울메트로 강경호 사장
2006년 11월 8일	서울사랑 시민상 교통부문 본상	서울특별시 오세훈 시장
2007년 5월 31일	서울메트로 300억명 달성 표창	서울특별시 오세훈 시장
2012년 10월 13일	대한민국 모범기업인 특별대상	(사) 한국언론사협회